미니멀이 나를
행복하게 하는 이유

김상규, 나승위, 이승환,
진민영, 최훈 지음

미니멀이 나를
행복하게 하는 이유

비운 만큼 몰입하는 단순함의 법칙

나무를 심는 사람들

미니멀리즘의 원형이 된 할머니의 방

요조(뮤지션, 작가)

저에게는 미니멀리즘의 아름다움을 알려 주셨던 한 이름 모르는 할머니가 계십니다. '미니멀리즘'이라는 단어조차 알지 못했던 초등학생 때의 일입니다.

할머니를 만난 것은 동네의 어느 골목이었습니다. 허리가 굽은 채 무거운 짐을 들고 힘겹게 걷고 계셨어요. 저는 얼른 달려가 짐을 들어 드렸습니다. 더할 나위 없는 착한 어린이였지요. 그렇지만 한심하기 그지없는 친구이기도 했습니다.

"할머니, 할머니는 왜 그렇게 허리를 구부리고 걸으세요? 그러면 허리가 아프잖아요. 저처럼 허리를 쫙 펴고 한번 걸어 보세요!" 하면서 할머니를 피곤하게 했거든요. 제가 하도 조르니 할머니는 걷다 말고 저를 따라 허리를 쭉 펴시고는, "할머니는 이렇게 허리를 펴면 걸어지지가 않아." 하고 머쓱한 듯 웃으셨어요.

집은 그렇게 멀지 않았어요. 작은 마당이 있는 독채, 그 집에 딸려 있는 가장자리 단칸방이 할머니의 집이었습니다. 짐을 두려고 할머니의 작은 방에 들어섰을 때의 풍경이 지금도 선명히 기억납니다. 방의 왼편 모서리에는 옷 몇 벌이 걸려 있는 옷걸

이, 그 옆엔 거울과 로션, 바셀린이 놓인 작고 낮은 탁자, 다른 쪽 벽면엔 5단 정도 되는 수납장과 그 위에 단정하게 개켜져 있는 이불, 그것이 다였습니다.

할머니는 제게 여기서 좀 자다가 가라고 하셨습니다. "아가, 짐 가지고 오느라 얼마나 고생했어. 여기서 조금 자다가 가." 이부자리까지 펴 주시는 모습을 저버리고 돌아 나올 수 없어서, 그리고 실은, 정말 그 한적하고 단정한 방에서 조금 자고 싶은 마음이 들기도 하여서 저는 그 방에서 할머니와 나란히 누워 두어 시간 낮잠을 자고 돌아왔습니다.

어른이 된 저는 집 안에서 정기적으로 갑갑해집니다. 옷방에서, 서재에서, 부엌에서. 제가 산 옷, 책, 각종 물건들 앞에서 기차처럼 한숨을 쉬지요. 전부 행복해지고 싶어서 산 것들인데 난 왜 조금도 행복하지 않은 걸까, 의아해하면서요. 그때마다 할머니의 방을 떠올려 보곤 합니다. 몇 개의 물건만으로 충만한 기운이 가득했던 그 작은 방. 이 책 앞에서 그 방을 또 떠올린 것을 보면 아마도 그 방은 제가 갖고 있는 미니멀리즘의 원형 같은 것인가 봅니다.

저는 이 책을 읽으며 모처럼 할머니의 방을 벗어나 미니멀리즘의 세계를 두루두루 여행한 기분입니다. 디자인을 통해 미니멀리즘이 보여 줄 수 있는 아름다움에 대해 배우고('복잡한 세계의 간결한 디자인' -김상규 교수), 스웨덴 특유의 정서인 '라곰'을 통해 자본주의에 저항하는 삶에 대해 사유해 보았습니다('스웨덴의 미니멀 라이프'–나승위 작가). 뿐만 아니라 모더니즘에서 출발한 미니멀리즘 건축의 다양한 사례들을 살펴보고('덜 쓰고 덜 배출하는 건축'–이승환 건축가), 미니멀리즘을 자기 삶으로 가져와 어떻게 실천하며 살 수 있는지 엿보기도 했어요('최고의 정리는 비움'–진민영 작가). 마지막으로 필요한 것 이상을 소유하지 않고 살았던 여러 성현들과 작가들을 통해 나만의 미니멀리즘적 태도를 구축해야겠다는 다짐을 더 굳게 가졌습니다('왜 미니멀 라이프를 사는가?'–최훈 교수).

어느 시대에나 장려되는 태도상이 있습니다. 어머니 아버지도, 또 그 위 세대인 할머니 할아버지도 각각 그 시대의 요구에 맞추어 참으로 최선을 다해 사셨습니다. 그 덕으로 우리들이 이렇게 풍족한 시대 속에 살고 있는 것이겠지요. 그렇다면 지금 우리가 살고 있는 이 시대에 필요한 태도상은 무엇일까요? 저는 그것이 미니멀리즘에 있는 것은 아닐까 하고 생각하고 있습니다. 모두가 각자의 삶 속에서 고유한 미니멀리즘을 성실히 실천해 나갈 때, 마땅히 이어져야 할 소중한 것들이 무사히 다음 유산이 될 수 있을 거라고 믿습니다. 이 책이 그 믿음의 시작이 될 수 있기를, 아주 간절하게 소망해 봅니다.

차례

덜 쓰고 덜 배출하는 건축

미니멀 건축 이승환(아이디얼 건축사사무소 소장)

최고의 정리는 비움

미니멀 생활 진민영(에세이스트, 교육 콘텐츠 창작자)

왜 미니멀 라이프를 사는가?

미니멀리즘의 철학 최훈(강원대학교 자유전공학부 교수)

복잡한 세계의
간결한 디자인

미니멀 디자인

김상규 (서울과학기술대학교 디자인학과 교수)

모처럼 텔레비전을 보려고 리모컨을 찾고 있었어요. 거실 어딘가에 늘 있던 그 물건이 눈에 보이지 않는 거예요. 여기저기 뒤지다 보니 리모컨을 찾긴 했는데 내가 찾던 것이 아니었어요. 하나는 에어컨용이고 또 다른 하나는 오디오용, 그 외에도 몇 가지 리모컨이 나왔어요. 어쩌다가 이렇게 비슷비슷한 물건들이 많은 걸까, 버튼은 또왜 이리 많은 걸까 하는 생각이 들었어요. 정리를 잘하는 어느 전문가의 말처럼 설레지 않으면 버려야 한다는 말이 떠오를 정도였죠.

리모컨 소동을 겪은 지 꽤 시간이 지나 말 한마디로 텔레비전이나 스피커 따위를 작동시키는 사물 인터넷, 인공 지능 시대가 되었어요. 오래된 리모컨만 아니라면 우리가 주변에서 만나는 디자인은 간결해 보입니다. 집안 곳곳의 가전제품, 노트북 같은 스마트 기기가 그렇고 길을 나서면 보게 되는 안내 사인도 깔끔하게 디자인되었지요.

집에서 찾은 다양한 리모컨들
사진: 김상규

이런 간결하면서 멋진 디자인이 어떻게 우리 곁에 있게 되었을까요? 세상이 복잡해지다 보니 간결한 디자인이 필요해진 것이 아닐까요? 실제로 존 마에다라는 미디어 디자이너는 복잡한 현실의 문제들에 단순함의 원칙이 필요하다고 주장하기도 했답니다. 그 외에도 단순함의 원칙을 생각한 사람들 덕분에 미니멀 디자인이 우리 곁에 존재한다고 할 수 있어요.

스마트폰을 생각해 볼까요? 사람들에게 무척이나 익숙한 사물이 되었고 그 형태도 납작한 사각형의 디스플레이 패널로 통일되었지요. 하지만 그 이전에 휴대 전화기는 많이 달랐답니다. 앞에서 예를 든 리모컨 못지않게 버튼이 많이 있었어요. 음악을 듣고 동영상을 보고 사전을 찾고 사진을 찍기 위해서 시디 플레이어, 전자사전 같은 갖가지 물건을 갖고 다녀야 했고요.

스마트폰이 등장한 것이 큰 전환점이 되었답니다. 다들 지금과 같이 사각형의 디스플레이가 있고 그 안에 단순한 아이콘을 터치해서 전화도 걸고 음악도 듣는 형식으로 굳어진 것이죠. 이렇게 단순한 사용 방식과 형태가 어느 날 갑자기 나온 것은 아니랍니다. 예를 들면 애플사에서 개발한 아이팟과 아이폰의 초기 디자인은 독일의 가전 회사인 브라운사의 1950년대 제품 디자인, 그리고 울름 조형 학교의 디자인까지 거슬러 올라갑니다. 애플의 디자인 팀을 이끌던 조너선 아이브는 고전적인 브라운의 디자인에서 영감을 받았다고 직접 얘기했으니까요. 그러니까 오늘날 미니멀 디자인 하면 가장 먼저 떠올릴 스마트폰의 디자인 원류가 있었다는 것이죠.

좋은 형태란
무엇일까?

디자인의 미니멀리즘 기원은 기능을 어떤 대상의 본질로 보고서 장식을 배제했던 20세기 초까지 거슬러 올라간답니다. 문화 예술사에서 말하는 모더니즘 시기에 해당되지요. 가구나 식기 등 일상생활에서 사용하는 물건마다 아름다운 장식이 있었는데 수공예 방식으로 만들던 것에서 대량 생산 방식으로 바뀌어 가자 그에 맞는 새로운 조형이 필요했어요. 유럽의 여러 나라에서도 고민이 있었고 바우하우스라는 학교를 비롯해서 여러 교육 기관에서 새로운 시대의 새로운 미술, 새로운 디자인, 새로운 건축을 실험했어요. 이 노력이 디자인 분야에서는 기하학적이고 단순한 형태로 자리 잡기 시작했는데 이것이 미니멀 디자인의 시작점이라고 할 수 있어요.

미술과 건축 분야의 미니멀리즘은 디자인의 미니멀리즘과 조금 다른 면이 있어요. 깊이 연구하면 출발점도 다르고 전개 과정도 다르지만 '덜 복잡하다'는 공통된 특징을 발견하게 됩니다. 달리 말하면 표현적인 특성을 뺀 것이라고 할 수 있어요. 예술가든 디자이너든 자신의 개성을 작품과 제품에 강하게 드러내려고 했다면 미니멀리즘이라고 보기 어렵겠지요. 특히 새로운 시대에 걸맞은 좋은 형태를 찾던 디자이너들에게는 개성보다는 기능에 충실하게 디자인하는 것이 중요했답니다.

기능주의 디자인은 유럽뿐 아니라 미국, 심지어 아시아 여러 나라에서도 기원을 찾을 수 있지만 스마트폰과 연결 지어 보면 1950~60년대 독일의 디자인 이야기를 꺼내야 합니다. 더 구체적으로 말하면 브라운사의 기능주의적인 디자인에 대한 것이에요. 그 당시 브라운의 제품은

디터 람스와 한스 구겔로트가 디자인한 〈SK4 오디오 시스템〉(1956년)
출처: 뉴욕현대미술관(Museum of Modern Art) 웹사이트

디터 람스와 디트리히 룹스가 디자인한 〈ET66 계산기〉(1987년)와 아이폰의 계산기
앱의 초기 버전과 현재 버전(사진 왼쪽부터)

디터 람스와 한스 구겔로트라는 사람이 함께 디자인했는데 이들은 울름 조형 학교의 디자인 철학을 바탕에 두고 있어요.

람스는 브라운의 디자이너였고 구겔로트는 울름 조형 학교의 교수였죠. 울름 조형 학교는 1919년에 독일에서 설립되었던 바우하우스를 모델로 1953년에 울름이라는 도시에 설립된 진보적인 학교였어요. 과학 이론과 인문학을 결합하여 요즘 표현으로는 융합적인 교육을 시도한 디자인 학교였답니다. 브라운, 루프트한자 같은 기업들과 협력하여 제품을 실제로 생산하는 노력도 기울었어요.

애플 디자인의 모델이 되었다고 알려진 〈SK4 오디오 시스템〉과 라디오, 계산기 등의 제품은 울름에서 추구한 기능주의와 '구테 포름', 우리말로 '좋은 형태'의 이상을 반영한 디자인입니다. 좋은 형태란 시각적으로 아름다운 것만을 뜻하지 않았어요. 기능에 충실하고 사용하기 편한 합리적인 형태여야 했답니다.

예를 들면, 스피커 부분은 소리가 잘 전달되면서도 수학적인 아름다움을 보여 주는 구멍이 배열되어야 하고 조작하는 부분은 눈에 잘 띄면서 누구나 직관적으로 이해할 수 있도록 밀거나 누를 수 있도록 디자인된 것이죠. 오래전에 생산이 중단되었지만 지금도 사랑받는 디자인이 랍니다. 그래서 조너선 아이브는 아이팟과 아이폰의 형태 뿐 아니라 화면 속 아이콘의 이미지, 조작 방식 등을 브라운 디자인에서 따왔어요. 브라운의 제품과 애플의 제품을 비교하는 이미지를 보면 너무 닮아서 놀랄 거예요.

두 회사의 디자인이 보여 준 핵심은 단순하면서도 합리적인 아름다움이라고 할 수 있어요. 이런 디자인은 어쩌면 공기처럼 자연스러워야 하겠지요. 그래서 디터 람스는 좋은 디자인을 영국 집사에 비교해서 설명한 적이 있어요. 집사는 집안을 관리하는 사람인데 필요할 때는 그 자리에 있다가 필요 없을 때에는 뒤로 물러나 있어요. 영화 〈배트맨〉에서 알프레드 페니워스라는 노신사가 바로 집사죠. 그러니까 디자인이 집사와 같다는 것은 주인공처럼 화려하게 드러내려고 하지 않지만 필요할 때면 제 역할을 다해야 한다는 뜻이니 람스에게 좋은 형태란 군더더기 없이 핵심만 있는 것, 즉 '절제'라고 할 수 있어요.

좋은 형태란 무엇인가에 대한 고민은 이후의 디자이너들에게도 이어졌어요. 영국의 디자이너 재스퍼 모리슨과 일본의 디자이너 후카사와 나오토 역시 이런 고민을 서로 이야기하다가 '평범함'에 주목하게 되었어요. 좋은 형태, 좋은 디자인은 멀리 있는 것이 아니라 잘 디자인된 물컵이나 병따개처럼 우리 생활에 가까이 있는 것들이라는 말이죠. 너무 익숙하다 보니까 그 가치를 모를 뿐이고요. 그래서 두 사람은 정말 평범하면서 좋은 디자인을 찾아서 〈슈퍼 노멀〉이라는 전시를 열기도 했어요. 물론 두 사람이 디자인한 것들도 모두 미니멀 디자인이라고 할 만큼 수수하답니다. 이들 역시 디터 람스를 존경했지요.

참, 디터 람스는 이것을 '좋은 디자인의 열 가지 원칙'으로 정리했고 이것이 현재 디자이너들에게도 널리 알려져 있답니다.

장식 없이도
아름다울 수 있다고?

미니멀리즘은 기능주의 전통 이외에 또 다른 기원을 찾을 수 있어요. 바로 셰이커 교도들의 디자인이랍니다.

재스퍼 모리슨과 후카사와 나오토가 기획한 〈슈퍼 노멀전〉의 모습. 2006년 일본 도쿄의 액시스 갤러리
사진: 재스퍼 모리슨 스튜디오

평화를 추구하면서 근면과 절약을 중요시했던 미국의 종교 단체인데 한곳에 모두 모여 공동체를 이루면서 필요한 것을 직접 만들며 살았답니다. 그들은 집부터 작은 물건 하나까지 장식 없이 소박하고 실용적으로 만들었어요. 특히 가구는 많은 사람들의 사랑을 받아 왔지요.

셰이커 장인들이 만든 가구는 절제된 디자인으로만 볼 수 없는 또 다른 특징이 있었어요. 천사가 내려와 앉을 수 있다는 생각으로 만들었다고 하니 디자인을 하고 물건을 대하는 태도부터가 달랐겠죠. 사물을 소중하게 다루고 그것을 사람이든 천사든 누군가 사용한다는 것에 대해 몹시 신경을 썼으니 종교적 차원을 떠나서 훌륭한 디자인 가치를 담고 있다고 할 수 있습니다.

이들은 기능주의나 미니멀리즘을 추구한 것은 아니었지만 그럼에도 많은 디자이너들이 관심을 갖게 되었고 지금까지 디자이너들이 연구하는 대상이 되는 것도 그들이 간직한 소중한 디자인 가치 때문이지요. 셰이커 디자인은 간결하기도 하지만 종교적인 이유로 무척 소박하다고 할 수 있어요. 과시하지 않으면서 정성껏 디자인한 가구와 소품들은 잔잔한 감동을 줍니다. 물론 그들만의 매

스튜디오 곰이 디자인한 〈셰이커 바구니〉와 〈셰이커 벤치〉
사진: Charlie Schuck

력적인 아름다움도 있고요.

한국 출신의 정원희 디자이너가 존 아른트와 함께 설립한 미국의 디자인 스튜디오 곰(Gorm)은 셰이커 장인들의 디자인을 미니멀 디자인의 원류로 보았어요. 그래서 셰이커 디자인을 연구하고 재해석해서 오늘날 공감할 만한 매력을 지닌 바구니와 벤치 등을 디자인했답니다. 현대 디자인에 많은 영감을 준 셰이커 디자인을 미니멀리즘의 중요한 기원으로 삼으면서 현대적인 감각으로 살려 낸 것이라고 할 수 있지요.

이렇게 생각해 보면 우리나라의 전통에서도 미니멀 디자인의 기원을 찾을 수 있을 것 같아요. 사방탁자와 소반이 그 예라고 할 수 있는데 그중에서 소반은 지금도 종종 볼 수 있는 작은 식탁이죠. 한 사람이 식사를 할 수 있고 식탁을 옮기기도 쉽고요. 나주반, 해주반 등 전통 소반은 지역에 따라 형태가 달라요. 장식적인 경우도 있지만 기본적으로 기하학적인 형태의 미니멀 디자인이라고 할 수 있습니다. 이것을 현대적으로 재해석한 디자인도 다양하게 나왔고요.

〈라운드 반〉은 하지훈 디자이너가 강원도의 전통 소

하지훈이 디자인한 〈라운드 반〉
출처: 디자이너 하지훈 웹사이트

반을 새롭게 디자인한 것입니다. 소박한 디자인 덕분에 해외의 디자인 박물관에 소장되었다고 해요. 혼자 사는 사람이 점점 늘어나고 있어서 1인 가구 시대에 잘 맞는 디자인이라는 생각도 듭니다.

이처럼 유럽의 모더니즘뿐 아니라 여러 나라에서도 미니멀리즘의 전통을 발견할 수 있는데 어느 것이든 최소한의 형태 요소를 반복하거나 조합하는 형식을 갖추고 있어요. 더 구체적으로 말하면 진실함과 단순함, 장식 없는 추상적 형태, 재료의 진실성 같은 것이 특징이라고 할 수 있지요.

스타일로서
미니멀리즘

미니멀리즘 경향, 미니멀한 디자인의 사례는 많지만 거꾸로 무엇이 미니멀 디자인이라고 정의하기는 쉽지 않아요. 기하학적 형태, 화려하지 않고 무덤덤한 스타일이라면 모두 미니멀리즘으로 볼 수 있을까요? 할 포스터라는 비평가는 여기에 동의하지 않아요. "미니멀리즘은 기본적인 기하학으로의 단순한 환원이 아니다."라고 주장하면서 "수많은 '굿 디자인'이나 고상한 장식을 '미니멀리즘'이 표상한 것으로 오해하는 사람들이 많다."고 꼬집었어요. '미니멀'이 양식적 근거나 역사적 의미와 맥락 없이 단순히 외형을 묘사하는 스타일을 뜻하는 것으로 잘못 사용된다고 비판한 것이죠.

이상하게 들릴 수 있지만 장식이 없다는 것이 또 하나의 장식일 수 있다는 것입니다. 가령 아무런 의미 없이 미니멀 스타일로 백색의 단순한 사물을 디자인할 수도 있는데 이것은 대단히 화려하고 낭비가 심한 디자인일 수 있어요. 왜냐하면 백색은 아무 색이 없는 것이 아니라 표백을 해야 하는 경우도 많거든요. 그래서 친환경 제품을 보면 완전히 하얗지 않고 미색, 갈색을 띠는 경우가 많죠. 그리고 단순한 형태의 매끄러운 표면을 만들려면 무척 공을 들여야 한답니다. 플라스틱이든 나무든 휘거나 뒤틀리기 마련인데 억지로 매끄러운 면을 만드느라 제작 공정이 더 복잡하고 사람 손이 더 많이 가기 때문에 비용도 더 많이 들고 재료와 노동력이 낭비되는 경우도 있어요.

흠 하나 없이 가지런하게 진열된 과일을 생각해 보면 쉽게 이해할 수 있어요. 그런 과일은 흠 없는 것만 골라서 시장에 내놓기 때문에 나머지는 버려질 뿐 아니라 재배하는 과정에서 벌레를 없애기 위해 사람 손이 많이 가고 때론 농약을 살포해야 하니까요. 친환경이나 유기농 과일과 채소는 벌레 먹은 것도 있고 크기도 작아서 '못난이 사과' 같은 이름으로 팔리기도 하죠. 사실은 '못난이'가 자연스러운 것이니 미니멀리즘의 진실성과 단순함에 더 맞는 것이 아닐까요?

〈빌리〉라는 의자 디자인에 대해서 얘기해 볼게요. 〈빌리〉는 아르텍이라는 핀란드 가구 회사가 〈스툴60〉을 만든 지 90년이 된 것을 기념하여 내놓은 제품입니다. 흔히 '스페셜 에디션'이라고 부르는 새로운 디자인이죠. 〈스툴60〉은 핀란드 출신의 세계적인 건축가이자 가구 디자이너인 알바 알토가 핀란드에서 흔한 자작나무를 얇게 켜서 여러 겹을 겹친 뒤에 구부려서 세 개의 다리와 동그란 판 하나를 연결하여 만든 정말로 단순한 의자입니다. 등받이가 없이 그냥 앉는 것이기 때문에 '스툴'이라고 구분해서 부르죠. 아무튼 이 의자는 핀란드 국민들뿐 아니라 오

알바 알토가 디자인한 〈스툴60〉(1933년)
사진: Markku Alatalo 출처: 알바 알토 박물관

포르마판타스마가 디자인한
〈빌리〉(2023년)
출처: 가구 회사 아르텍(Artek)의 웹사이트

랫동안 북유럽을 대표하는 미니멀 디자인으로 전 세계에서 사랑받아 왔습니다. 누구도 이의를 제기할 수 없는 미니멀 디자인이므로 다들 더 새롭게 디자인할 것이 뭐가 있겠냐고 생각했죠.

그런데 디자인 스튜디오 포르마판타스마의 두 디자이너는 다르게 생각했어요. 이들은 원래 나무에는 옹이와 가지가 있고 표면도 갈라지기 마련이라서 나무로 만든 가구라면 흠이 있는 것이 자연스러운 것이라고 생각한 것이죠. 그래서 그들은 〈스툴60〉의 형태와 구조를 전혀 바꾸지 않은 채 목재를 고르는 방식만 바꾸었어요. 깨끗한 자작나무만이 아니라 흠이 있는 것도 재료로 쓴 것이죠. 〈빌리〉를 자세히 보면 색이 일정하지 않고 얼룩덜룩합니다. 예전 같으면 이런 의자는 불량품이라고 폐기되었겠지요. 그러니까 깔끔하고 일정한 색감을 가진 가구는 어쩌면 오히려 생태적이지 않은 것일 수 있어요.

이탈리아 디자이너 엔조 마리가 디자인한 의자 〈세디아1〉도 무척 단순합니다. 목공소에서 쉽게 구할 수 있는 널빤지와 각목을 톱으로 자르고 못을 박으면 완성되는 정말 간단한 의자예요. 의자뿐 아니라 책상, 책장, 침대 등 여러 가지 디자인이 똑같은 방식으로 디자인되었는데 정말 미니멀합니다. 그런데 이 가구들은 상품이 아니에요. 파는 것이 아니라니 참 이상하지요?

엔조 마리는 유명한 디자이너였고 평생 명품 가구들을 디자인했어요. 그러다 보니 그가 디자인한 가구들은 비쌀 수밖에 없었고 정말 가구가 필요한 젊은 사람들은 써 볼 기회가 없었어요. 그래서 엔조 마리는 형태와 구조가 단순할 뿐 아니라 재료도 구하기 쉽고 만들기 쉬운 가구 디자인을 했고 아무런 대가를 받지 않기로 했어요. 스스로 디자인한다는 뜻의 '아우토프로제타지오네'라는 이름을 붙였는데요, 흔히 말하는 '오픈 소스' 디자인이라고 할 수 있어요. 실제로 그는 가구 제작 도면을 필요로 하는 사람들에게 무료로 나눠 줬어요. 누구나 스스로 그가 디자인한 가구를 만들어 쓸 수 있지만 누구도 그것을 팔 수는 없어요.

아마 여러분은 어떤 이미지나 글을 무료로 쓸 수 있게 하면서 개인은 사용해도 되지만 그것을 상업적으로는 사용하지 못하게 하는 것을 봤을 거예요. '크리에이티브 커먼즈'라는 원칙 때문이지요. 우리가 아는 지식, 우리가

엔조 마리가 디자인하고 만든 〈세디아1〉과 도면(1974년)

쿠쿨라에서 난민들이 〈세디아1〉을 변형하여 만든 〈앰버서더〉 시리즈(2014년)
출처: 쿠쿨라(CUCULA) 웹사이트

창작하는 것이 어찌 보면 우리의 독창적인 것이라기보다는 앞 세대에서 알려 준 것을 배운 덕분이니 우리도 다음 세대를 위해 나눠 주자는 뜻이 담겨 있습니다.

그런데 유일하게 엔조 마리의 가구를 제작해서 판매하는 예외가 있어요. 독일의 사회적 기업인 '쿠쿨라'입니다. 코리나 지를 비롯한 디자이너와 활동가들이 설립한 이 기업은 유럽 각지에서 독일로 온 난민들을 돕고 있어요. 이들은 난민들이 스스로 생계를 꾸려서 정착할 수 있는 방법을 고민했는데 바로 가구를 제작하는 것이었어요. 문제는 가구 디자인이었어요. 이때 엔조 마리에게 사정을 설명하고 그가 디자인한 가구를 제작해서 판매할 수 있도록 허락을 받은 것이죠.

쿠쿨라에서 만든 가구는 가구 회사에서 일정하게 생산된 상품이 아니라서 똑같은 의자라도 제각기 달라요. 목재소에서 파는 판재뿐 아니라 버려진 폐목재를 재사용하기도 해요. 이것을 '업사이클'한다고 말하죠. 크기가 균일하지 않고 색도 조금씩 다른데 그래서 더 아름답게 보입니다. 세상에 하나밖에 없는 의자가 되는 것이죠. 그러니 하얗고 깔끔한 디자인만이 미니멀한 것은 아니랍니다.

보이지 않는 디자인도
미니멀할 수 있나요?

미니멀 디자인은 제품이나 공간처럼 물리적인 디자인에만 해당될까요? 미술에서 미니멀리즘은 개념 미술과 함께 시작되었다고 해요. 개념 미술은 그림이나 입체 조각 같은 작품을 만들지 않고 그야말로 '개념'을 제시하는 거예요. 그러니까 비물질성을 추구하는 것이죠.

그렇다면 눈에 보이지 않는 디자인, 만질 수 없는 디자인도 미니멀할 수 있겠지요? 형태가 없으니까 미니멀한지 아닌지 판단하기 어렵겠다고요? 여러분이 컴퓨터나 스마트폰에서 프로그램을 사용해 보면 알 수 있어요. 또 가게에서 햄버거나 음료수를 주문하는 무인 단말기(키오스크)에서도 미니멀 디자인을 찾을 수 있어요. 간결하다는 것은 형태만이 아니라 '인터페이스'라고 부르는 동작 관계에서도 알 수 있습니다.

스마트폰에서 앱을 실행시키고 원하는 내용을 확인하거나 가게에서 주문할 때 되도록 쉽고 정확하면 좋겠지요? 아름답게 화면을 구성하고 체계적으로 디자인되어 있다고 해도 어떤 메뉴를 클릭해야 할지 금방 알기 어렵고 자꾸 오류가 발생한다면 당황하게 되겠죠. 할머니, 할아버지처럼 시력이 약하고 디지털 기기에 익숙하지 않은 분들은 무인 단말기에서 원하는 음식을 선택하는 과정을 어려워하신다는 이야기를 들어 보았을 거예요. 이때 미니멀하게 디자인한다는 것은 형태보다는 정보를 이해하기 쉽게 잘 전달한다는 뜻입니다.

존 마에다 역시 디지털 시대에 단순함을 추구하는 일을 개인적인 사명으로 삼게 되었다고 해요. 사용자 경험, 줄여서 '유엑스' 디자인을 하는 전문가들은 이것을 직관적으로 디자인한다고 말해요. 예전에는 디자이너가 기계를 작동시킬 때 사람들이 힘을 들이지 않게 하느라 신경을 많이 썼는데 컴퓨터, 디지털 기기를 디자인할 때는 사람들이 작동하는 방식을 쉽게 파악할 수 있도록 디자인하고 있어요. 즉, 사람들의 '인지 능력'을 고려하여 디자인하는 것이죠.

인간-컴퓨터 상호 작용(Human Computer Interaction), 줄여서 '에이치시아이'라는 분야에서는 디자이너들이 인지 심리학, 인지 공학 지식을 활용하여 디지털 환경에 맞는 디자인을 제안하고 있답니다. 은행도 무인으로 현금 인출기를 갖춘 곳이 많아졌는데 최근에는 큰 글씨로 메뉴가 간단하게 정리된 인출기가 설치된 곳이 생겨서 화제가 되었어요. '예금 인출', '송금' 같은 용어도 '돈 찾기', '돈 보내기'라는 용어로 쉽게 풀어써서 더 이해하기 쉽게 했고요. 이것도 어찌 생각하면 디지털 미니멀리즘이라고 할 수 있겠네요.

형태가 아니라 인터페이스에도 미니멀 디자인이 있다는 것을 살펴보았는데요, 인터페이스라는 것은 비물질적 디자인이라고도 불러요. 하드웨어가 아니라 소프트웨어를 디스플레이 창 안에서 다루는 것이니까요. 그래서 보이지 않는 디자인이라고도 하죠.

그런데 정말로 눈에 보이지 않는 것의 미니멀 디자인이 필요한 경우도 있어요. 앞을 볼 수 없거나 시력이 약한 사람을 생각해 보면 금방 이해할 수 있을 거예요. 길을 걷다가 바닥에 레고 블록처럼 돌기가 나 있는 노란색 사각판을 본 적이 있지요? 그것이 점자 블록이라는 것 정도는 여러분도 알고 있을 거예요. 또 승강기 버튼에도 오돌토돌한 점자로 숫자를 표시하는 것도 보았을 테고요. 시각

대신 촉각으로 정보를 전하는 것이죠. 촉각도 미니멀한 디자인이 있을까요? 물론이에요.

흔히 시간을 알려면 시계를 확인하면 된다고 생각하지만 촉각으로 정보를 얻어야 하는 사람이라면 어떻게 할까요? 숫자를 점자로 알 수 있지만 시간은 계속 바뀌잖아요? 그래서 점자 시계가 필요한데 간단한 문제는 아니지요. 시간도 알아야 하고 날짜도 알아야 하고 원하는 시간에 알람을 맞추고 싶다면 점자가 다양하게 바뀌어야 하기 때문이죠. 촉각은 시각보다 훨씬 더 혼란을 겪기 쉬워서 정말 미니멀한 디자인이 필요하죠.

〈닷 워치〉라는 제품은 이름 그대로 점자 시계인데요, 이것을 디자인한 유영규 디자이너는 이 부분을 무척 고심했답니다. 닷 워치를 보면 깔끔하게 디자인되어서 한눈에 보기에도 미니멀하다는 걸 알 수 있어요. 시각 장애가 있는 사람에게 형태나 색이 그리 중요할까 생각할 수 있겠지요. 그렇지만 '장애인용'이라는 식으로 쓰임새만 강조하는 것은 장애가 있는 사용자들도 좋아하지 않아요. 누군가 그 시계를 볼 테니 시계를 찬 사람이 그 시계의 형태나 색을 볼 수 없다고 해도 멋지게 보여야 하는 것은 당연한

신한은행의 현금 자동 지급기 화면

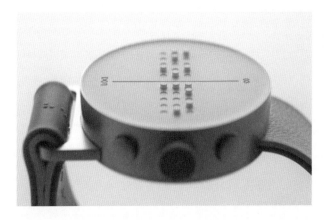

유영규가 디자인한 〈닷 워치〉(2015년)
사진: 클라우드앤코

일이죠. 그러니까 보이지 않는 디자인에도 미니멀 디자인
이 있는 것이죠.

세계 공통의 디자인
또는 지역적 디자인

앞에서 살펴본 것처럼 미니멀 디자인은 다양한 모습
으로 어느덧 세계 어디에서나 볼 수 있게 되었어요. 그만
큼 여러 사람들이 좋아할 만한 디자인 특징을 갖고 있다
는 뜻이겠지요? 단순한 특징이 있다 보니 자세히 보지 않
으면 비슷비슷한 디자인처럼 보일 수도 있을 것 같아요.
여러분 주변에서 볼 수 있는 미니멀 디자인은 다른 나라,
다른 도시에도 있을까요?

아마 우리나라의 다른 도시는 물론이고 지구 반대편
에도 우리나라에서 볼 수 있는 미니멀 디자인이 있을 거
예요. 여행을 많이 다녀 본 사람들의 얘기로는 어느 나라
든 대도시는 비슷하다고 해요. 옷, 음식, 이동 수단, 건물
도 비슷한 경우가 많답니다. 편리하고 매력 있어서 사람

들이 좋아할 만한 것은 다 갖추게 되었다는 뜻이겠지요. 인터넷으로 정보가 공유되고 있어서 사람들의 취향도 비슷해지고 있는 것 같아요.

그러다 보니까 미니멀 디자인은 국제적으로 공통된 디자인 특징이 된 것이라고 할 수 있어요. 한편으로 생각하면 이런 현상이 그만큼 도시마다 나라마다 다른 특성들은 조금씩 사라진다는 뜻이기도 해요. 기후도 다르고 도시의 역사도 달라서 사람들의 생각과 생활 방식도 다를 수밖에 없는데 모든 나라에서 비슷비슷한 디자인을 하고 있고 사람들은 그 비슷비슷한 디자인에 익숙해져 있다는 것이 좋기만 한 건 아닐 거예요.

그래서 미니멀 디자인이 독선적이라고 비판하는 목소리도 있습니다. 지역의 특색을 반영한 디자인은 점점 자리를 빼앗기고 있다는 것이죠. 어떤 나라, 어떤 도시는 그곳 사람들이 오랫동안 누려 온 장식이 있는 디자인도 있을 수 있고 화려하고 독특한 디자인이 있는가 하면 소박하고 정겨운 디자인도 있을 수 있는 것이죠.

단순함을 넘어서 단순화와 획일화로 빠지는 것은 경계해야 할 것 같아요. 사람들마다 생각과 감각이 다르듯 새로운 기술과 오래된 기술, 전통적인 공예와 현대적인 디자인이 공존하는 것이 정상이겠지요? 그런데 인기 있는 것이 전 세계적으로 공통된 디자인으로 자리 잡는다면 획일적인 것이 될 우려도 있답니다.

　　그러면 어떻게 해야 할까요? 중요한 것은 미니멀리즘의 본질을 잊지 말아야 한다는 것이에요. 미니멀함이 단순한 것이니까 그러면 된다고 섣불리 생각할 수 없다는 것이죠. 우리가 단순한 세상에 살고 있지도 않고 세상이 단순해지는 것을 원하지도 않으니까요. 앞에서 살펴본 〈빌리〉 의자와 〈세디아1〉, 〈닷 워치〉의 사례에서 보았듯이 미니멀 디자인은 소비주의, 생태 문제, 기후 위기와 난민 문제 등 사회 문화적인 상황과 연결되어 있답니다. 그러니까 미니멀하기 위해서는 깊이 생각하는 것이 필요합니다. 실제로 단순해 보이고 사용하기 쉽게 디자인하려면 더 많이 신경 써야 한답니다. 잘못 전달되어서 오해가 생기지 않도록 이것저것 꼼꼼히 따져 봐야 하니까요.

　　결국 우리가 미니멀 디자인에서 보아야 할 것은 스타일이나 유행보다는 미니멀 디자인을 통해서 생각할 중요한 가치랍니다. 겉치레보다는 기본적인 것에 집중하는 것, 복잡해서 혼란을 불러일으키고 소비를 부추기기보다는 간결하고 명확하게 디자인하는 것, 자원과 재료를 낭비하지 않고 오래 잘 쓸 수 있게 하는 것이죠.

그런데 미니멀 디자인으로 알려진 제품이라도 조금씩 디자인을 바꾸어 자주 새로운 모델로 바꾸게 한다면 그야말로 미니멀 스타일로 더욱 소비를 부추기는 것이 되겠지요. 마치 친환경 제품이라고 광고하면서 소비하는 부담을 덜게 해서 결과적으로는 자원을 낭비하게 하는 것과 같답니다.

좋은 디자인, 단순한 디자인

디터 람스가 주장한 좋은 디자인의 10가지 원칙

1. 좋은 디자인은 혁신적이다.

2. 좋은 디자인은 제품을 유용하게 한다.

3. 좋은 디자인은 아름답다.

4. 좋은 디자인은 제품의 이해를 돕는다.

5. 좋은 디자인은 눈에 띄지 않는다.

6. 좋은 디자인은 정직하다.

7. 좋은 디자인은 오래간다.

8. 좋은 디자인은 마지막 디테일에서 나오는 필연적인 결과다.

9. 좋은 디자인은 환경을 생각한다.

10. 좋은 디자인은 가능한 한 최소한으로 디자인한다.

존 마에다가 주장한 단순함의 10가지 법칙

1. 축소 : 신중하게 생각하여 축소시키는 것은 단순함을 추구하는 데 가장 손쉬운 방법이다.

2. 조직 : 조직해서 많은 것도 적게 보이도록 만들자.

3. 시간 : 시간을 절약하면 단순함이 보인다.

4. 학습 : 알면 모든 것이 더 간단해진다.

5. 차이 : 단순함과 복잡함은 떼려야 뗄 수 없는 사이.

6. 문맥 : 주변에 흩어져 있는 것들도 결코 하찮게 볼 수 없다.

7. 감성 : 감성은 풍부할수록 좋다.

8. 신뢰 : 단순함의 이름으로.

9. 실패 : 단순하게 만들 수 없는 것들도 있다.

10. 하나 : 단순함은 명백한 것을 제거하고 의미 있는 것만을 더하는 것이다.

스웨덴의
미니멀 라이프

미니멀 해외 사례

나승위(작가, 말뫼의 레스토랑 대표)

갑자기 남편에게 스웨덴에 일자리가 생겨서요, 어린 아들 셋을 데리고 해외 이사를 하게 되었답니다. 외국에서 살아 본다고 생각하니 기대감이 컸지만, 이삿짐 싸는 일은 정말 만만치 않았어요. 가구들은 주변 사람들에게 나누어 주거나 버렸고, '꼭 필요한' 것만 쌌는데도, 가족 다섯 명의 사계절 옷이며 책들, 작은 살림 도구들 해서 박스가 40개가 넘더라고요.

우리 가족은 비행기를 타고 짐들은 배에 태웠더니, 우리가 짐보다 스웨덴에 빨리 도착했어요. 그 '꼭 필요한' 물건들이 도착하려면 두 달도 넘게 기다려야 해서 생활이 엄청 불편할 것이 분명했죠. '어쩔 수 없이' 냄비 두 개, 프라이팬 하나, 접시 다섯 개, 숟가락 젓가락 다섯 개씩으로 버텨야 했어요. 미니멀리즘에 대한 이야기를 하려니, 문득 스웨덴으로 이사했던 때가 떠오르네요. 그때 '어쩔 수 없이' 미니멀 라이프를 살았거든요.

두 달이 지나고, 짐들이 속속 도착하기 시작했어요. 내가 싸서 보낸 물건들이었지만, 짐을 풀 땐 마치 선물 보따리를 푸는 것처럼 반가웠어요. 그런데 짐을 풀면서 문득 든 생각이, '꼭 필요한' 물건들이라고 쌌지만, 40개의 박스 중 한두 개쯤 잃어버렸다 해도, 거기에 뭐가 들어 있었는지도 모를 것 같았어요. 처음으로 물건의 존재감에 대한 생각을 하게 됐지요. '꼭 필요한' 물건들 없이 살았던 두 달이 그렇게까지 불편하지 않았거든요.

내가 해외 이사를 경험하면서 '어쩔 수 없이' 단기간이나마 미니멀 라이프를 살았던 것처럼, 유럽 사람들은 제2차 세계 대전을 겪으면서 물자의 부족으로 '어쩔 수 없이' 미니멀 라이프를 살았다고 해요. 하지만 전쟁 이후, 전 세계가 경제 부흥의 시기에 접어들고, 철, 유리, 콘크리트 같은 산업 발전에 근간이 되는 물질들이 대량 생산되면서 물자가 풍부해지자 그동안 억눌렸던 사람들의 소비 심리가 폭발적으로 발현되었다고 합니다. 공장이 마구 돌아가면서 많은 물건들을 만들어 내고, 그 만들어 낸 물건들을 사람들에게 사라고 엄청 독려했겠지요?

저자가 살고 있는 스웨덴 항구 도시 말뫼. 북유럽 최고 높이의 건물인 랜드마크 〈터닝 토르소〉가 멋지다.

라곰,
스웨덴식 '조화와 균형'의 실천 철학

스웨덴과 덴마크 등 북유럽 국가는 사람들의 행복 지수가 높은 것으로 유명하지요. 무상 의료, 무상 교육 등 제도적으로 사람들의 삶을 알뜰히 보살피는 복지 시스템 덕분이기도 하지만, 한 가지 이유가 더 있답니다.

스웨덴 사회를 이해할 수 있는 핵심 단어 하나를 꼽으라고 한다면 단연 '라곰(lagom)'입니다. 혹시 들어봤을지도 모르겠어요. 최근 이케아나 에이치앤엠, 볼보 자동차만큼이나 세계적으로 유명해진 말이거든요. 다른 나라 언어로는 번역할 마땅한 단어가 없다는데요. 스웨덴 사람들의 정신 속에 깃들어 있는 독특한 개념이에요. 풀이하자면, "너무 많지도 않고 너무 적지도 않은 딱 적당한 만큼"이란 의미입니다. 삶의 모든 영역에서 조화와 균형, 그리고 적정성을 추구하는 북유럽 사람들의 삶의 방식을 잘 나타내지요.

이 라곰에는 무엇이든 적당한 선에서 멈추고, 자신이 가지고 있는 것에 소박하게 만족할 줄 아는 행복의 지혜가 담겨 있어요. 그래서 라곰 추종자들은, 라곰이야말로 행복에 이르는 열쇠라고 말합니다.

그런데 대체 어느 정도가 '딱 적당한 만큼'일까요? 나에게 적당한 정도와 너에게 적당한 정도가 다를 수 있으니, 아주 주관적이면서도 고무줄 같은 탄성을 지닌 말입니다. 스웨덴 사람들은 라곰이 어느 정도인지 체득적으로 알지요.

기원전 4세기의 철학자 아리스토텔레스의 윤리학의 핵심 사상인 중용론이 떠오르네요. '중용'은 많음과 적음의 어느 쪽에도 치우치지 않고 적당함을 추구하는데, 이는 양적인 중간을 의미하는 게 아니라, 각각의 상황에서 최적의 합리적 선택을 하는 것입니다. 그는 중용의 미덕을 지켜야 행복에 이를 수 있다고 했으니, 라곰의 사상적 유래는 아리스토텔레스에서 찾을 수 있겠어요. 라곰과 중용은 각기 다른 문화적 맥락에서 발전했지만, 둘 다 자기 자신과 사회, 자연과의 균형 있는 관계를 통해 행복을 찾고, 행복을 추구하는 방식이 같습니다.

라곰이라는 단어의 유래를 보면요, 오래전 바이킹의 관습에서 비롯되었다는 설이 있어요. 바이킹들이 술잔을

스웨덴은 각 부모가 육아 휴직의 일정 기간을 무조건 사용해야 하는 부모 할당제를 두고 있다. 그래서 거리에서 육아 휴직 중인 아버지를 종종 만날 수 있다.

돌려 마시곤 했는데, 그때 '라겟 옴(laget om)'이라고 외쳤대요. 모든 사람이 마실 수 있게 자기 몫을 적당히 알아서 마시라는 뜻이랍니다. 그저 전설일 뿐이지만, 라곰의 의미를 볼 때 왠지 맞는 것 같아요. 라곰에는 나 혼자 많이 먹겠다는 과한 욕심을 버리고 남을 배려하는 마음이 들어 있거든요.

스웨덴 사람들은 최고가 최고가 아니고, "라곰이 최고다."라고 생각한대요. 최선을 다해 최고의 성과를 내야 한다고 여기는 사람들에겐 이상하게 들리겠지요? 특히 일터에서는 아무도 과하게 일하는 것을 바라지 않아요. 그 이유는 간단해요. 동료가 과하게 일하면 나도 덩달아 그렇게 일해야 하니까요.

한발 더 나아가, 스웨덴 사람들은 필요 이상의 것을 소유하거나 소비하는 걸 범죄라고 생각하기도 해요. 혹시 『닐스의 신기한 모험』이란 책을 읽어 봤나요? 1907년에 출간되었으니 120년 가까이 된 옛날 책이에요. 전 세계의 많은 언어로 번역된 것은 물론 만화 영화로까지 제작된 유명한 책이죠.

스웨덴 남부 지역 한 농가에서 사는 닐스라는 14세

의 말썽꾸러기 소년이 엄지손가락만큼 작아지는 마법에 걸려 거위 등을 타고 기러기 떼와 함께 스웨덴 방방곡곡을 여행하며 야생의 삶을 체득하고 삶에 필요한 귀한 교훈을 얻는다는 성장 소설입니다. 스웨덴 국민의 필독서라 할 만큼 널리 읽힐 뿐 아니라, 저자 셀마 라게를뢰프가 노벨 문학상을 받는 데 이 책이 커다란 공헌을 했어요. 한마디로 아주 훌륭한 책이란 뜻이지요! 이 훌륭한 책에 이런 이야기가 나옵니다.

마법 덕분에 동물과 대화를 할 수 있는 능력이 생긴 닐스는 기러기들과 여행하던 중 어느 날, 폭풍우에 떠밀려 양들과 여우들이 사는 릴라 카를스외라는 작은 섬에 도착해요. 용케 찾아 들어간 동굴에서 닐스는 여우를 피해 숨어 있는 양들을 만납니다. 여우가 밤에 몰래 와서 양들만 잡아가지 않는다면 릴라 카를스외섬은 양들과 바닷새들에게 축복의 섬이었어요.

다음 날, 숫양의 등에 타고 아름다운 섬 이곳저곳을 돌던 닐스는 끔찍한 광경을 목격합니다. 여우들의 식사 장소인지, 여기저기 죽은 양들이 널브러져 있었어요. 살점을 완전히 먹혀 뼈만 앙상하게 남은 양도 있었고, 반쯤 먹힌 양도 있었고, 어떤 양은 아예 입도 대지 않고 그냥 내버려 둔 것도 있었습니다. 숫양은 분노했어요. 이에 닐스는 조그만 목소리로 말했지요. "하지만 여우도 먹고살아야지." 양을 잡아먹어야 여우도 살 수 있으니까요. 그러자 숫양이 이렇게 대답합니다. "살기 위해서 먹어야 하는 것보다 더 많은 동물을 죽이는 놈들은 살아야 할 가치가 없어. 이 여우들은 범죄자야!"

아, 정말 명쾌한 말이었어요! 조금 확대해서 생각하니, 생존을 위해 필요한 것보다 더 많은 물자를 소비하는 사람들도 범죄자란 말로 들렸거든요. 여우들은 필요한 만큼만 취하라는 라곰의 정신을 따르지 않은 거예요. 요즘 무분별한 소비를 일삼는 사람들도 많고, 심지어 인터넷 쇼핑 중독자들도 있다면서요? 숫양의 관점에서 본다면 딱히 필요하지 않은 물건들을 구매해서 쌓아 두는 이들은 모두 범죄자들이에요.

그래서 여우들이 어떻게 되었냐고요? 다음 날 아침, 섬의 등대지기는 작은 나무껍질 위에 삐뚤빼뚤하게 쓰인 글씨를 발견해요. "작은 섬의 여우들이 지옥문으로 떨어졌어요. 어서 와서 처리하세요!"

이런 라곰 정신은 스웨덴 문화 전반에도 스며들어 있습니다. 예를 들어, 스웨덴 가구 디자인은 화려하지 않고 초라하지 않으며, 단순하면서 소박하고 꼭 필요한 정도로 기능적이라는 평가를 받아요.

라곰과
미니멀리즘

라곰은 문화뿐 아니라 스웨덴 사람들의 일상적인 삶 구석구석에도 깃들어 있어요. 한 마디로, 사람들의 삶 속에서 구체적이고도 실천적으로 작용한다는 뜻이지요. 라곰은 일과 삶의 균형을 적절하게 맞추는 워라밸(Work and Life Balance)을 권장하고요, 건강을 위해 지나친 소식이나 지나친 과식을 피하고 균형 잡힌 식단을 짜라고 해요. 그리고 가끔씩 휴대폰도 끄래요. 다른 사람과의 소통 가능성이 계속 열려 있으면, 나 자신과의 소통이 방해받거나 그 시간이 상대적으로 줄어들게 되니까요. 타인과의 소통과 자기 자신과의 소통 사이에 균형을 맞추라는

일상에서 라곰을 실천할 때 얻게 되는 유익

라곰은 웰빙과 행복의 핵심을
나눔과 절제의 기쁨에서 찾는 생활 방식입니다.

잘 정돈된
고요한 집

자원을
아끼고
절약하는 방법

삶에 더
집중할 수
있게 하는
정신적 균형

자신이 더 큰
무엇인가의
일부라는 느낌과
자신과 사회의
발전된 연관성

편익

것이지요.

라곰은 개인의 사적 삶에서의 조화와 균형을 넘어, 개인의 욕구와 사회적, 환경적 자원 사이의 조화와 균형도 중시합니다. 따라서 과소비와 낭비를 피하고 딱 필요한 만큼만 소유하고 활동함으로써 지속 가능하고 균형 잡힌 삶을 지향하지요. 이런 면에서 라곰은 미니멀리즘과 맞닿아 있어요.

미니멀리즘은 삶에서 불필요한 소비를 줄임으로써 물질적 소유를 최소화하고, 간소한 삶을 지향하는 생활 방식이지요. 이에 더해, 단순히 물건의 양을 줄이는 것이 아니라, 무엇이 진정으로 내게 중요한지에 대해 성찰하고, 정신적 감정적 공간은 확장시켜 행복한 인간관계와 개인의 성장을 중시하는 생활 철학이기도 하고요. 라곰 정신이 몸과 마음에 배어 있는 스웨덴 사람들은 크게 마음먹지 않아도 미니멀 라이프를 살기 쉬울 것 같아요. 라곰과 미니멀리즘 모두 물질적 소유 대신, 내면적으로 진정한 만족과 행복을 주는 것을 찾고, 사회적으로는 지속 가능성이라는 공통된 가치를 추구하니까요.

예로부터 위대한 성인들은 물욕에 대해 경계하는 말

들을 많이 했어요. 4대 성인 중 한 명이라 불리는 소크라테스도 부자에 대해 이런 말을 했죠. "가장 적은 것에 만족하는 사람이 가장 부자이다. 만족할 줄 아는 품성이야말로 자연이 주는 재산이기 때문이다." 멋진 말이죠? 사람들이 돈을 버는 이유가 행복하기 위함인데, 행복은 만족한 마음에서 오잖아요. 그래서 자연이 주는 재산을 많이 가진 사람, 즉 적은 것에서도 만족할 줄 아는 품성을 가진 사람이 정말 부자라는 거예요. 가장 행복한 사람은 가장 많은 것을 소유한 사람이 아니라, 필요한 게 적은 사람이라고 하니, 적게 가지려고 노력하는 미니멀리스트들이 행복에 가장 가까운 사람들이 아닐까 하는 생각이 들었어요.

미니멀 라이프를 살기 원할 때 가장 중요한 실천적 덕목은 '의식적 소비'입니다. 단순히 절약을 넘어서, 자신의 진정한 필요를 이해하고, 그에 맞춰 신중하게 구매를 결정하지요. 무엇인가를 살 때, 이 물건이 내게 반드시 필요한가? 내가 가지고 있는 물건 중에 이것을 대용할 것은 없는가? 이 물건의 어떤 점이 나를 잡아끌어 지갑을 열까 말까 고민하게 하는 걸까? 색깔인가? 모양인가? 멋진 스타일인가? 없으면 진정 안 되는가? 등등을 생각하면서요.

나의
미니멀리스트 친구들

내 주변에 물건을 살 때 한참 고민하는, 그러니까 '의식적 소비'를 하는 미니멀리스트들이 있나 찾아봤어요. 그랬더니 가까운 친구 몇 명이 손을 번쩍 들지 뭐예요! 너무 반가웠어요. 하지만 이들은 자신의 소유물 전체를 가방 하나에 다 꾸릴 수 있다는 극단적인 미니멀리스트들은 아니에요. 아마도 극단에 치우치지 말라는 라곰의 영향 때문인가 봐요.

가장 먼저 손을 번쩍 든 사람은 자신을 '르네상스 맨'이라고 소개하는 피에르 오산더였어요. 그는 잡지에 글을 쓰는 저널리스트인데요, 내가 말뫼에서 한국 레스토랑을 운영하는 유일한 한국인이라고, 나와 레스토랑에 대한 소개 기사를 쓰고 싶다며 인터뷰를 요청해 왔었거든요. 그렇게 알게 되어 가깝게 지내는 사람인데, 그가 미니멀 라이프를 살고 있는지는 몰랐어요.

그런데 어떤 사람을 르네상스 맨이라고 하는지 혹시 아나요? 다양한 분야의 지식과 기술을 겸비한 다재다능한 사람을 지칭하는 단어예요. 르네상스 맨의 가장 대표적인 사람은 르네상스 시대를 풍미한 레오나르도 다빈치예요. 우리가 다 알듯이, 그는 화가, 조각가, 과학자, 수학자, 엔지니어, 발명가, 해부학자, 작가, 음악가 등 서로 아무 연관도 없어 보이는 다양한 분야에서 탁월한 재능을 발휘했지요.

피에르가 자신을 르네상스 맨이라고 소개한 이유를 알겠더라고요. 그는 직업이 아주 많거든요. 저널리스트, 사진작가, 산업 디자이너, 디지털 플랫폼 프로듀서, 음식 평론가, 공연 기획자, 마케팅 컨설턴트, 국제 팔라펠 어워드 심사 위원 등등. 누가 직업이 뭐냐고 물으면 대답하기가 곤란하다며, 자신이 이 많은 일을 할 수 있는 이유는 미니멀 라이프를 살기 때문이라고 했어요. 물질적 소유물을 덜어 내고 나니, 시간적 정신적 여유가 생겨서 하고 싶은 일을 더 많이 할 수 있겠더래요. 젊은 피에르는 앞으로도 다양한 분야에서 여러 가지 일을 하고 싶대요. 배우고 싶은 것도 많고요.

피에르가 미니멀 라이프에 흥미를 느끼게 된 것은 일본의 대표적인 미니멀리스트 사사키 후미오를 언론을 통해 접하고 나서라고 해요. 원래는 피에르의 집에도 물건이 많았대요. 그런데 어느 화창한 봄날 주말에, 물건을 정리하고 집 안 청소를 하느라 하루 종일 힘들게 보내고 난 뒤, 우연히 방송을 통해 사사키가 2분 만에 방 청소를 끝내는 걸 봤대요. "아! 바로 저것이 내가 따라야 할 삶의 방식이구나!" 탄성을 질렀죠.

그 뒤로는 서로 대체 가능한 물건이 있으면 결코 사지 않는다는 원칙을 세우고, 매일매일 가지고 있는 물건들을 조금씩 정리하기 시작했대요. 물건으로 주는 선물은 정중히 거절하고요. 물건이 사라지면서 집 안에 여유 공간이 생기자 정신과 마음에도 여유 공간이 생기더랍니다. 그는 물건을 사는 대신 음식 평론가답게 맛집을 찾아다녀요. 그래서 이미 수백 개의 레스토랑을 방문했고, 그 경험을 토대로 온라인 잡지인 〈북유럽 맛집 가이드〉를 창간했어요. 내 레스토랑도 그 가이드 잡지의 작은 한 자리를 차지하고 있답니다. 그는 소비를 줄여 시간과 돈을 비축하고, 그렇게 비축한 시간과 돈으로 즐거운 경험치를 늘리며 산대요.

또 한 사람은, 한국을 좋아하는 스웨덴의 중년 아줌마 헬렌이에요. 처음엔 온라인 친구로 알게 되었는데, 몇 번 만나면서 친해졌어요. 외동딸로 미혼이고요, 연로한 어머니가 계세요. 헬렌이 소유한 물건들을 정리하기 시작한 것은 값비싼 은수저와 패물들을 도난당하고 나서랍니다. 처음엔 아까워서 너무 속상했는데, 문득 잃어버린 물건들을 사용하기는커녕 몇 년 동안 서랍 속에 넣어 두고 심지어 잊고 지냈다는 걸 깨달았대요. 서랍 문을 닫고 보니, 있거나 없거나 차이가 없더라면서, 물건의 존재감을 생각했다고 해요.

앞서 내가 스웨덴으로 이사 오면서 박스 40개를 싸서 보낸 뒤, 박스 한두 개를 잃어버려도 그 안에 뭐가 들었는지 몰랐을 것 같다고 얘기했지요? 나도 그때 물건의 존재감을 생각했는데, 헬렌과 나의 차이점은 비슷한 경험을 했음에도 나는 별 변화 없이 살던 대로 살았고, 헬렌은 존재감 없는 물건들을 미련 없이 정리하고 처분하기 시작했다는 거예요. 비움에서 오는 만족감이 정말 컸다면서,

미니멀 라이프를 실천하면서 이민자들을 돕는 일을 하는 헬렌의 집.

헬렌은 지난 10년 동안 옷을 한 번도 산 적이 없다고 했어요. 헬렌이 사는 물건은 한 가지예요. 그녀는 해마다 스톡홀름에서 열리는 마라톤 경기에 참가하는데, 가끔씩 마라톤 운동화만 산대요. 라곰의 나라 국민답게 너무 비싸거나 너무 싸지 않은 중간 정도 가격의 운동화를요.

헬렌이 물건들을 정리하면서 느낀 것은 자신에게 존재감 있는 물건이 정말 몇 개 되지 않더라는 거예요. 그러면서 나는 이 사회에 존재감이 있는 사람일까도 생각해 보게 되었대요. 헬렌은 조기 퇴직을 하고, 이민자들을 돕는 일을 시작했어요. 스웨덴에는 중동이나 아프리카에서 난민의 신분으로 온 이민자들이 많거든요. 또 미니멀 라이프를 시작하면서 배출되는 쓰레기 양이 확 줄어든 것을 보니, 환경 친화적인 삶을 살고 있다는 생각에 마음이 뿌듯했대요. 헬렌은 미니멀 라이프가 자신의 삶에 사회적 의미를 부여해 주었고, 지속 가능한 환경에도 기여하게 했다면서, 개인적으로나 사회적으로 좋은 삶을 산다는 느낌이 들어 매일 기쁘다고 했어요.

그런데 우리 모두는 반드시 미니멀 라이프를 실천해야 할 때가 있습니다. 생명이 있는 존재라면 누구나 겪는

되스테드닝 정리의 한 예. 유지할 것, 기부할 것, 버릴 것으로 나누었다.

데스 클리닝 전문가 마르가레타 망누손의 책. 『내가 내일 죽는다면』이란 제목으로 한국에도 번역판이 나와 있다.

과정이 하나 있기 때문인데, 바로 죽음이죠. 스웨덴어로 '되스테드닝(Döstädning)'이란 단어가 있어요. 영어로 번역하면 '데스 클리닝(death cleaning)', 한국어로 번역하면 좀 어색하지만 '죽음 청소법'쯤이 될 것 같아요. 스웨덴에서 유래한 개념인데요, 죽음에 대비하여 개인의 물질적 소유물을 정리하고 간소화하는 과정을 일컫는 말입니다. 주로 노년기에 접어든 사람들의 죽음 대비 스웨덴식 미니멀 라이프예요. 죽은 뒤에 자신의 공간을 정리해야 하는 가족과 친지들의 부담을 덜어 주기 위해, 자신이 살아 있는 동안 더 사용하지 않을 물건을 미리 버리거나 나누어 주는 행위인데, 스웨덴 사람들에게 일반화된 문화입니다. 슬플 것 같지요?

몇 년 전, 어떤 인연으로 연세가 많은 할머니와 친구가 될 기회가 있었어요. 스웨덴은 평등을 추구하는 나라라서요, 나이, 성별, 직업에 상관없이 친하면 모두 친구라고 불러요. 어느 날, 나는 내가 한국인이란 이유로 할머니 친구의 되스테드닝 과정에 초대를 받을 수 있었어요. 할머니께서 자그마치 60년 동안이나 소장해 오시던 한국 전쟁이 담긴 필름을 주셨거든요. 할머니는 삶의 부피를 마구 줄이고 계셨죠. 60세 이후부터는 어떤 물건이든 거의 구매를 하지 않으셨다고 해요.

되스테드닝은 단순히 물건을 버리고 처분하는 것을 넘어서, 자신의 인생을 되돌아보고 남겨야 할 중요한 것은 무엇이며, 그중 무엇을 가족과 공유할 것인가 생각하는 과정이기도 합니다. 할머니의 되스테드닝 과정에서 할머니의 자녀들도 만날 수 있었는데요, 할머니의 인생을 정리하고 추억하는 작업에 모두 즐거운 마음으로 동참하고 있었죠. 슬플 것 같았는데, 전혀 슬프지 않았어요.

그때 나는 되스테드닝이 미니멀 라이프의 정수라는 생각을 했습니다. 모든 생명체 가운데, 인간만이 죽음을 의식하고 미리 준비할 줄 아는 존재라고 해요. 누구나 겪는 죽음을 당연하고 초연하게 받아들이고, 빈손으로 왔다 빈손으로 떠나는 것이 인생임을 깨달을 때, 삶의 의미를 더욱 깊이 생각하게 되고, 진짜 미니멀 라이프를 살게될 것 같아요. 죽음이 가깝든 가깝지 않든 간에 말이죠. 사실 죽음 앞에서 물건이 무슨 의미가 있겠어요?

어떤 동기나 이유에서 미니멀 라이프를 시작했건 간에, 물건을 정리하는 과정에서 가장 요긴한 곳은 당연하

계도, '로피스(Loppis)'라는 벼룩시장이나 경매 시장입니다. 물건은 버리면 쓰레기가 되지만, 누군가가 사용한다면 자원이 되니까요. 밀라노에서 산 피에르의 가죽 잠바, 헬렌의 엔틱 탁자, 할머니 친구의 주물 프라이팬 모두 로피스에 가면 만날 수 있습니다.

미니멀리스트들은 중고 장터를 애용해요. 물건을 팔기도 하지만, 혹시라도 필요한 물건이 있다면 중고 장터를 먼저 찾는다고 합니다. 한국도 요즘엔 당근마켓 등 중고 제품을 취급하는 플랫폼이 늘어나고 있지요? 스웨덴에는 정부 기관에서 운영하는 중고 장터가 있습니다. 말뫼 시청에서 운영하는 중고 장터는 시내의 한 작은 광장에서 5월 첫째 주부터 9월 말까지 매주 일요일에 열립니다.

미니멀리스트들이 좋아하는 중고 장터의 조금 즐거운 버전이 있습니다. 바로 스왑 파티(Swap Party)인데요, 파티 참가자들이 자신이 더 이상 사용하지 않는 물건을 가져와 서로 교환하는 행사랍니다. 아는 사람들끼리 모여서 하기도 하고, 어떤 조직체가 개최하기도 해요. 서로 물건을 교환하면, 한 개를 가지고 두 개를 사용하는 효과를 내는 것이니, 미니멀리스트들에게 스왑 파티만큼 좋은 행

말뫼 시청에서 운영하는 중고 장터. 드로트닝 광장에서 5월 첫째 주부터 9월 말까지 매주 일요일에 열린다.

말뫼의 벼룩 시장.

사는 없겠지요? 오래전부터 중고 장터가 성행했던 독일, 덴마크 등 유럽 국가들에서 스왑 파티는 흔한 일상 중 하나입니다.

미니멀리즘, 자본주의의 공격을 받다

미니멀리스트 친구들과 대화를 나누면서, 한숨을 내쉬곤 했어요. 왜냐면 우리는 경쟁, 소비, 물질적 성장을 장려하는 자본주의가 지배하는 세상에서 살고 있기 때문이에요. 자본주의는 많은 물건을 만들어 내고, 광고와 마케팅을 통해 소비자들에게 더 많이 소비하고 최신 상품을 구매하도록 독려하지요. 자본주의는 끊임없는 경제 성장을 추구하면서, 소비 증가를 경제 발전의 주요 동력으로 삼는 경제 시스템이니까요.

반면 미니멀리즘은 필요 이상의 소비를 배제하고 물질적 소유보다 경험과 개인의 내적 만족을 중시하는 생활 방식이니, 자본주의와는 근본적으로 충돌할 수밖에 없어요. 미니멀리즘의 핵심 가치는 자본주의가 독려하는 물질주의와 소비문화에 대한 저항에 있기 때문이지요.

우리는 지난 세기와 비교해서 어마어마한 문명의 혜택을 누리고 있어요. 모두 경쟁을 통해 효율성과 기술 혁신을 촉진하는 자본주의 덕분인데요, 기업들은 시장에서 우위를 점하기 위해 앞다투어 경쟁적으로 신기술을 개발하고 발전시켜 왔어요.

하지만 우리는 이 문명의 혜택에 아주 값비싼 대가를 치르고 있습니다. 모두가 알고 있는 정말 암울한 현실이지요. 소비를 통해 끊임없는 경제 성장을 추구하는 자본주의의 발전은 자연 자원의 과도한 사용과 엄청난 환경오염을 초래해 왔습니다. 한국 면적의 약 16배에 달하는 태평양 쓰레기 섬과 기후 위기가 그 대표적인 징후이지요. 이런 우울한 이야기들을 미니멀리스트 친구들과 나누었는데요, 헬렌이 나를 지그시 바라보며 물었습니다. "그래서, 당신은 뭘 하고 있지?"

전 지구적 재앙으로 닥친 환경 문제와 생태계 파괴에 대항해서, 현재 내가 개인적으로 나와 이웃을 위해 실천할 수 있는 일은 오직, 기존의 물건을 재활용하여 환경

오염을 줄이고, 지속 가능한 의식적 소비 습관을 갖는 것 뿐입니다. 지금 내가 가지고 있는 모든 물건들, 앞으로 살 모든 물건들도 결국에는 쓰레기가 될 것이니까요. 헬렌에게 나도 쓰레기를 줄이는 삶을 살겠노라 대답했어요.

그리고 만약 한 청소년이 이렇게 질문한다면 뭐라 답할 수 있을까에 대해서도 얘기를 나누었습니다.

"앞으로는, 새로운 것을 사기 전에 어떻게 하면 낡은 것을 재사용할 수 있을지부터 생각하고, 새로운 물건을 살 때는 꼭 필요한지 10번 이상 생각하고 신중하게 살게요. 그런데 사람들이 모두 미니멀리스트가 되어 물건을 사지 않으면 우리 아빠가 일하는 공장이 망하잖아요. 그럼 어떻게 해요?"

코로나19가 전 지구를 지배했을 때, 소비가 위축되어 경제가 마비되자 환경은 살아났습니다. 코로나19가 지나가자, 세계 각국에서는 소비 촉진을 위해 갖가지 정책을 내놓았고, 환경 문제는 다시 심각해졌지요. 우리는 소비를 하지 않으면 삶이 마비되는 경제 시스템 속에서 살고 있는 거예요. 이 거대한 소비 지향적 자본주의 시스템 속에서 과연 미니멀리즘의 의식적 소비와 환경 보호가 가능

쓰레기가 되어 버린 옷. 소각하는 과정에서 생기는 대기 오염은 개발 도상국 주민들의
건강을 위협한다.
사진 Pixabay 제공 ©TheDigitalArtist

하기나 할까요?

힘세 보이는 자본주의자들과 약해 보이는 미니멀리스트들의 대립을 보니, 문득 성경 속의 다윗과 골리앗의 대결이 생각납니다. 어린 소년 다윗이 적군의 거인 장수인 골리앗을 대적해야 하는 상황이었어요. 누가 봐도 게임이 안 되는 장면인데, 다윗은 하느님에 대한 강한 믿음을 갖고 작은 돌멩이를 던져 골리앗의 이마에 명중시킵니다. 거인 골리앗은 그대로 쓰러져 죽고 말았지요.

미니멀리스트들은 어떤 믿음으로 돌멩이를 들어야 할까요? 만약 자본주의 시스템을 골리앗처럼 쓰러뜨릴 수 없다면, 이 시스템 안에서 미니멀리즘은 어떤 긍정적인 잠재력을 나타낼 수 있을까요? 소비자들이 지속 가능한 제품과 서비스, 윤리적 소비를 선호하기 시작하면, 기업들은 이러한 수요에 맞춰 생산 방식을 변경할까요?

기업들이 솔선한 것인지, 아니면 소비자들의 윤리적 소비에 부응한 것인지 모르겠지만, 반갑게도 환경 친화적 기업들이 속속 등장하기 시작했습니다. 의류 회사이면서도 "환경을 위해 옷을 사지 말라!"는 광고로 유명한 미국의 파타고니아(Patagonia)가 대표적인 예입니다. 아예 사지 말라는 건 아니고요, '슬로우 패션'으로 튼튼하고 오래 입을 수 있는 옷을 만들어, 쓰레기를 최소화하자는 철학을 가지고 있대요. 그들은 환경 보호를 회사의 핵심 가치로 삼고, 매출의 1%를 환경 보호 단체에 기부하는 '지구의 1%' 프로그램도 운영하고 있습니다.

이외에도 커피 찌꺼기를 재활용하여 천연 바이오 연료와 바이오매스 펠릿으로 전환하는 영국의 바이오빈(Bio Bean), 버려진 트럭 방수포를 재활용하여 가방과 액세서리를 제작하는 스위스의 프라이탁(Freitag), 해양 폐플라스틱과 폐어망으로 고품질의 원사를 만들어 의류와 액세서리를 제작하는 스페인의 에코알프(Ecoalf), 제로 웨이스트 생활 방식을 지향하는 소비자들을 위해 포장 폐기물을 최소화한 제품들을 제공하는 패키지 프리 숍(Package Free Shop) 등 지구를 구하기 위한 활동에 적극적으로 나서는 소규모 기업들이 생겨나고 있습니다.

소규모 기업일지라도 이들의 창의적인 아이디와 혁신적인 접근 방식은, 각자의 영역에서, 각자의 방식으로 환경 보호와 지속 가능성에 기여할 수 있음을 보여 주고, 다른 기업들에게 영감을 주어 변화를 이끌어 낼 수 있다는 점에서 의미가 있습니다. 비록 소비를 부추기고, 이윤과 영리 추구를 최고의 목표로 삼는 자본주의 세상이지만, 윤리적 소비를 하는 소비자들과 환경 윤리에 입각하여 경영하고 생산하는 기업들이 늘어난다면, 지구의 환경 위기 시계를 늦추거나 되돌릴 수 있을지 모릅니다.

그런데 어떻게 그런 좋은 기업들을 찾을 수 있을까요? 알면 그런 기업의 제품들을 구매할 텐데 말이죠. 바로 그런 정보를 주는 회사도 있습니다. 어스 히어로(Earth Hero)라는 미국 회사인데요, 지속 가능한 제품을 쉽게 찾고 구매할 수 있도록 돕는 온라인 마켓 플레이스입니다. 그들의 목표는 소비자들이 더 책임감 있는 구매 결정을 내릴 수 있도록 지원하는 것이래요. 이렇게 세계 각국에서 작지만 지구를 구하기 위한 갖가지 움직임들이 일고 있어요. 아빠가 다니는 공장이 망하면 어쩌나 걱정하는 청소년의 질문에 이런 기업들이 있다는 걸 알려 주면 좋을 것 같아요.

소비자로서 우리는 이런 작은 움직임들을 당연히 응원해야겠습니다. 앞서 유럽 사람들은 제2차 세계 대전을 겪으면서 물자의 부족으로 '어쩔 수 없이' 미니멀 라이프

소비자는 이미 가지고 있는 옷을 관리하고 수선해 최대한 오래 입어야 한다.
출처: 파타고니아코리아 홈페이지

를 살았다고 했지요. 이제 우리는 전 지구의 환경적 위기 앞에서, '어쩔 수 없이' 생존을 위해 미니멀 라이프를 살아야 할지 모릅니다. 거인 골리앗을 무찌른 작은 소년 다윗의 믿음을 가지고!

스웨덴의 환경 교육은 어떻게 이루어질까?

스웨덴에서는 학생들의 환경 교육뿐 아니라 선생님들에 대한 교육, 심지어 평생 교육에도 환경이 많은 비중으로 다루어지고 있습니다. 스웨덴은 1967년 세계에서 최초로 스웨덴 환경 보호국을 세웠고요, 지구 환경 보호에 아주 적극적입니다.

특히 스웨덴 정부는 어린이와 청소년들에 대한 환경 교육을 중요하게 생각해요. 태어나서 살아가기 위해 말과 걸음마를 배우는 것이 당연한 것처럼, 우리가 어려서부터 환경을 보호하는 법을 배우는 것은 당연하고도 중요합니다.

스웨덴에서는 초등 및 중등 학교에서 '기후 변화 교육'을 해요. 2018년부터 교과서에서 다루어졌어요. 초등 1~3학년은 전반적인 교과 과정에서 다루고, 초등 4~6학년은 화학 수업을 통해, 초등 7~9학년은 물리 수업과 지리 수업을 통해 다루지요.

기후 변화를 교과서에서 다루면 인지 학습의 대상이 되어요. 그렇게 얻은 지식을 바탕으로 학생들은 기후 변화를 자신의 논리로 이해할 수 있게 됩니다. 예를 들어, 스웨덴 국립 교육청 자료(P206)에 따르면, 9학년 말 지리 과목에서 A학점을 받기 위해 충족되어야 할 요구 조건은 다음과 같습니다.

"학생들은 인간과 사회, 자연의 상호 관계에 관한 깊이 있는 지식을 갖고, 이 지식을 바탕으로 세계 여러 지역의 인구 분포, 인구 이동, 기후, 식물군, 기후 변화의 원인과 결과를 논리적으로 이해해야 한다. … 또한 기후 변화가 세계 여러 지역에서 인간과 사회, 그리고 자연환경에 어떤 영향을 미치는지 논리적으로 이해해야 한다."

기후 변화하면 가장 유명한 청소년은 스웨덴 소녀 그레타 툰베리입니다. 2018년, 당시 15세였던 그레타가 금요일마다 환경 파괴에 침묵하고 기후 변화에 안이한 대응을 하는 주류 정치인들과 어른들에게 반항하는 의미에서 등교를 거부하고 의회 앞에서 시위를 했어요. 2019년에는 유엔 본부에서 열린 기후 행동 정상 회의에서 연설하여 세계적으로 유명해졌고, 〈타임〉지 올해의 인물에 역대 최연소로 선정되기도 했습니다. 기후 변화가 교과서에서 다루어지기 시작했던 2018년에, 툰베리가 의회 앞에서 시위를 시작했네요. 교육의 중요성을 다시 한번 느낍니다.

덜 쓰고
덜 배출하는 건축

미니멀 건축

이승환(아이디알 건축사사무소 소장)

여러분은 장식 없이 창만 나 있는 하얀 상자 같은 집을 본 적이 있나요? 새로 생긴 미술관이나 카페에 갔을 때 아무것도 없는 깨끗한 벽을 본 적은요? 만약 그런 기억이 있다면 여러분은 이미 건축의 '미니멀'을 경험한 것입니다. 사실 건축과 '미니멀'이라는 개념은 생각보다 서로 가깝습니다. 무엇보다 현대 건축의 여러 경향 중에서 '미니멀리즘'이라는 것이 있습니다. 방금 이야기한 깔끔하고 담백한 느낌의 건축물이나 실내 공간을 미니멀리즘이라고 합니다.

　그런데 건축 이론을 들여다보면, 좀 더 중요한 점을 발견할 수 있습니다. 지금 우리가 사는 환경의 근간을 이루는 건축 이념을 '모더니즘'이라고 하는데, 바로 이 '모더니즘'이 화려하거나 복잡한 장식이 없는 '미니멀'의 개념과 연결되어 있는 것이지요. 바꿔 말하면, 건축에서 '미니멀'한 특징이 어떻게 시작되었는지를 알기만 하면 현대 건축의 큰 흐름을 이해할 수 있다는 말이기도 합니다. 그럼 지금부터 살짝 건축 역사를 공부하러 과거로 거슬러 올라가볼까요?

건축의 '미니멀'은
'모더니즘'부터

사람은 원래 자신을 둘러싼 환경이나 가지고 있는 물건을 꾸미려는 본능을 가지고 있습니다. 수천 년 전, 서로 왕래가 없던 세계 여러 곳의 문명들에서 공통적으로 화려한 그림이 그려진 유적이나 복잡한 무늬가 새겨진 유물들이 발견되었다는 점만 살펴봐도 알 수 있습니다. 이런 장식에 대한 본능은 시간이 흐르면서 그 지역의 자연환경과 생활 방식에 영향을 받아 지역 문화의 일부가 되는데, 이것을 '양식'이라고 부릅니다. 서양 미술사에서 말하는 로마네스크 양식이나 고딕 양식, 바로크 양식 같은 것들이 바로 이런 것들이지요. 동양 문화도 서양보다는 시간에 따른 변화가 조금 적기는 하지만 한국, 중국, 일본도 나라마다 건축물의 모양이 확연히 다른 것을 볼 수 있습니다.

그럼 다시 잠깐 지금으로 돌아와서 우리 주변을 둘러 봅시다. 우리가 살고 있는 도시의 건물들에서 이런 '양식'을 발견할 수 있나요? 어려운 문제처럼 들리겠지만, 일단 서울을 떠올려 보면 어떨까요? 서울 한복판에는 현대적인 건물들도 많지만, 경복궁이나 북촌 한옥 마을 같은 옛날 건축물도 발견할 수 있습니다. 이런 옛날 건축물들이 우리나라의 전통 양식이라면, 하늘로 쭉쭉 뻗은 고층 건물들도 어떤 양식이라고 부를 수 있을까요?

이번에는 뉴욕이나 런던, 도쿄 같은 외국의 어느 도시를 생각해 봅시다. 혹시 가 본 적이 있으면 더 좋고, 영화나 사진을 통해서 본 이미지를 떠올려도 괜찮습니다. 그 도시에 있는 고층 건물과 우리나라에 있는 고층 건물에서 어떤 차이점을 발견할 수 있나요? 물론 건물 하나하나는 생김새가 다르고, 창이 난 방식이나 색도 다릅니다. 하지만 이런 건물들이 그 도시, 그 나라만의 특징을 딱히 가지고 있다고 보기는 어렵습니다. 말하자면 세계 어디를 가도 있을 법한 같은 양식인 것이지요. 이런 양식을 '국제주의 양식'이라고 부릅니다. 물론 좁게 한정한다면 이

스페인의 미니멀리즘 건축가 알베르토 캄포 바에자의 〈게레로 주택〉
출처: 알베르토 캄포 홈페이지, 사진: Hisao Suzuki

런 성향이 아주 두드러졌던 1920년대부터 1970년대 사이의 양식을 일컫는 말이기도 하지만, 지금 세계 여러 도시에서 보이는 공통점을 설명하기에는 아주 좋기 때문에 좀 더 일반화해서 이야기해도 될 것 같습니다.

그럼 도대체 왜 여러 나라들은 수백, 수천 년 동안 가지고 있던 고유의 건축 양식을 버리고 사뭇 개성이 없어 보이는 세계 공통 양식의 건물을 짓기 시작했을까요? 얼핏 짐작해 보면 세계가 급속도로 발전하면서 나라 간의 교류도 활발해짐에 따라 그 차이가 점차 줄어든 것이 아닐까 생각해 볼 수도 있습니다. 크게 보면 틀린 말은 아닙니다. 하지만 그 변화는 역사적, 문화적인 바탕 위에서 비교적 짧은 기간 동안 의식적으로 일어났습니다. 그런 움직임이 바로 '모더니즘'입니다. 그리고 이 '모더니즘'이 바로 '미니멀', 그리고 '미니멀리즘'의 출발점이 되는 것입니다. 조금 극적으로 말하자면 '모더니즘' 운동을 통해 인류는 처음으로 건축이나 공예와 같은 디자인 영역에서 장식을 없애기 시작했습니다.

아돌프 로스,
장식을 싫어한 건축가

　건축 역사책에서는 이런 모더니즘 건축에 첫발을 내딛은 사람으로 아돌프 로스라는 건축가를 꼽고 있습니다. 로스는 1870년 체코의 브르노라는 도시에서 태어났습니다. 석공인 아버지의 영향으로 미술과 공예에 눈을 뜬 로스는 유럽의 여러 학교에서 공부를 하고 미국으로 건너가 뉴욕과 시카고에서 여러 가지 일을 하며 당시 미국 건축의 기능적이고 합리적인 경향으로부터 많은 영향을 받았습니다.

　1896년 유럽으로 돌아와 오스트리아 빈에 자리를 잡은 로스는 1913년 발표한 『장식과 범죄』라는 에세이를 포함한 여러 편의 글을 통해 새로운 미학에 대한 이론을 펼쳐 나갔지요. 당시만 해도 건축물은 물론 가구나 공예품에 기능과는 별 관계가 없는 장식들이 붙어 있는 시기였습니다. 그래서 장식을 죄악시하는 로스의 글은 매우 급진적인 주장으로 받아들여졌고, 많은 논란을 불러일으켰습니다.

로스는 인류 문명의 진보 과정이라는 커다란 관점에서 장식의 문제를 바라보았습니다. 그리고 장식을 야만의 상징이자 문명사회에서는 사라져야 할 대상으로 규정했습니다. 노동자들이 이런 장식을 만드는 데 많은 시간과 노력을 쏟는 것은 국민 경제력의 낭비라고 보았지요. 또 장식이 자신의 지위를 드러내거나 왕과 귀족의 흉내를 내는 수단이 된다고 보았습니다. 말하자면 사람들의 속물적인 욕망이 실체화된 허영의 산물로 생각했던 것입니다. 게다가 모든 장식은 어떤 '양식'을 따를 수밖에 없는데, 그러다 보면 사용자나 소유주는 양식의 조화에 신경을 쓸 수밖에 없고, 결국 양식은 무거운 짐이 되어 사용자나 소유주 위에 군림하게 된다고 주장했습니다.

로스의 주장은 어떤 점에서는 선뜻 이해가 가지 않는 점도 있습니다. 그는 야만인이나 범죄자가 몸에 문신이라는 장식을 한다는 점을 지적하며 자신의 주장에 정당성을 부여했지만, 지금의 관점에서 보면 정치적으로 옳다고는 말하기 어려운 주장입니다. 어쨌거나 로스는 장식을 매우 싫어했고, 주장이 논리적이지 않을 때도 있었지만 긴 시간 동안 여러 편의 글을 쓰며 당시의 미학을 거스르는 새

당대 시민들의 반발을 부른 아돌프 로스의 〈로스하우스〉, 오스트리아 빈, 1912년
출처: 위키미디어 커먼스 ⓒThomas Ledl

로운 길을 개척한 것만은 틀림없습니다.

로스가 빈 시내 한복판에 지은 〈로스하우스〉의 외관은 고전적인 방식과 같이 기단, 본체, 지붕 이렇게 세 개의 단으로 이루어져 있지만, 그의 철학에 따라 창에는 어떠한 장식도 달려 있지 않습니다. 이 건축은 동시대의 건축가와 비평가, 그리고 일반 대중으로부터 '아름다운 장식으로 대표되는 빈에 대한 모욕이자 반역'이라며 엄청난 비난을 받았습니다. 어떤 사람들은 이 건물을 보지 않기 위해 길을 돌아가기도 했고, 공사 기간에는 공사 중지 명령도 내려졌다고 합니다. 어쩌면 로스가 이렇게 많은 비판을 미리 받았기 때문에, 그의 뒤를 이은 모더니즘 건축가들이 보다 편하게 활동할 수 있게 된 것인지도 모르는 일입니다.

모더니즘을 상징하는 건축가, 르 코르뷔지에

로스는 장식의 제거를 통해 과거의 건축 양식으로부

터 벗어나려고 했지만, 사실 모더니즘이라는 거대한 흐름은 예술은 물론 철학, 경제, 사회 등 모든 분야에서 시작되고 있었습니다. 특히 미술은 사진술이 발명되어 예전 회화가 가지고 있던 현실 묘사의 기능을 가져가면서 새로운 활로를 모색 중이었고, 시간, 공간, 형태, 사물의 인식과 같이 당연한 것으로 여겨졌던 개념들이 근본적으로 다시 검토되기 시작했습니다.

18세기부터 진행된 산업 혁명 덕택에 철과 유리와 같은 재료를 대량으로 생산할 수 있게 되었고, 1851년 런던 엑스포에서는 오직 철과 유리로만 지어진 수정궁이 등장하여 새로운 건축의 시대가 시작될 것임을 만천하에 선포하였지요. 하지만 무엇보다 미래의 건축을 고민하던 건축가들을 매료시킨 것은 철과 콘크리트를 결합한 철근 콘크리트라는 튼튼한 재료가 가진 무궁무진한 가능성이었습니다.

철근 콘크리트는 콘크리트 안에 철근을 심처럼 넣어 만듭니다. 잡아당기는 힘에 강한 철과 누르는 힘에 강한 콘크리트가 결합되어 단단하기로만 따지면 단점이 거의 없는 재료입니다. 게다가 액체처럼 흐르는 시멘트 풀을 형틀에 부은 다음 굳히는 방식으로 만들기 때문에 형틀을 만들 수만 있다면 여러 가지 형태를 어렵지 않게 만들어 낼 수 있는 장점이 있습니다.

하지만 돌이나 나무처럼 깎는 방식은 잘 맞지 않아서, 과거의 여러 양식이 만들어 내었던 세밀한 장식을 만들기에는 적합하지 않다는 특징도 있습니다. 형틀을 세밀하게 만들면 가능하지 않느냐고 생각할 수도 있지만, 음각의 형틀을 만드는 작업은 양각의 덩어리를 깎아 나가는 것보다 어려울 뿐더러 모양이 오밀조밀해지면 시멘트 풀이 구석구석 채워지지 않기 때문에 아무래도 장식과는 어울리지 않는 재료임에는 틀림없습니다.

그 대신 모더니즘 건축가들은 철근 콘크리트가 가진 구조적 단단함에 주목했습니다. 과거의 돌로 만든 건물들은 돌이 건물의 무게를 담당하면서 아래로 갈수록 두꺼워질 수밖에 없었습니다. 하지만 철근 콘크리트를 사용하면 얇은 기둥만으로 그 역할을 대신할 수 있었지요. 그 덕분에 건물의 벽에 창을 마음대로 낼 수 있게 되었고, 내부 공간에 벽도 훨씬 적게 만들거나 원하는 곳에 세우기가 쉬워졌습니다.

20세기 초, 유럽은 제1차 세계 대전이라는 엄청난 시련을 겪었습니다. 국가 간의 대립에서 시작된 전쟁은 처참한 결과를 낳았고, 이는 결국 오래된 제국주의적 질서를 무너뜨리기에 이르렀습니다. 사람들의 마음속에는 미래를 열어 줄 새로운 세계와 이상에 대한 열망이 뜨겁게 타오르기 시작했습니다. 모더니즘 건축의 대표적 건축가인 르 코르뷔지에가 두각을 나타내기 시작한 것도 바로 이 시기였지요.

　　1887년 스위스에서 태어난 르 코르뷔지에는 철근 콘크리트의 선구자 오귀스트 페레와 선배 건축가 페터 베렌스에게서 일을 배웠습니다. 하지만 그를 진정한 건축가로 만든 것은 유럽의 동쪽으로 떠난 건축 답사 여행이었습니다. 동방 정교회와 이슬람 문화가 만들어 낸 단순하고 기하학적인 형태의 건축에서 그는 큰 감동을 받았지요.

　　여행을 마치고 돌아온 르 코르뷔지에는 그동안 이루어진 기술의 발전을 바탕으로 시대가 요구하는 이상에 대한 갈망을 모아 새로운 건축 이론을 정립하고 모더니즘 건축을 꽃피워 나갔습니다. 샤를에두아르 장느레그리라는 본명 대신 르 코르뷔지에라는 새로운 이름을 스스로에

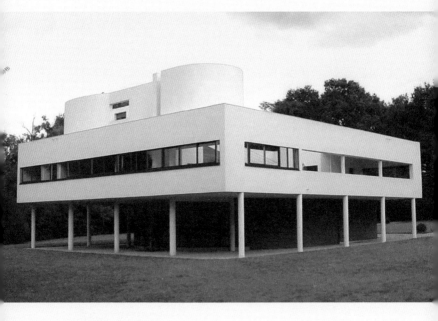

모더니즘을 대표하는 르 코르뷔지에의 〈빌라 사보아〉, 프랑스 푸아시, 1931년
출처: 위키피디아 ⓒValueyou

게 지어 준 것도 새로운 것의 발명에 대한 의지를 표현한 것이라고 합니다.

1931년 세워진 〈빌라 사보아〉는 르 코르뷔지에의 이론이 한데 모인, 모더니즘의 정점에 서 있는 주택입니다. 1층에 주차장을 두고 가느다란 기둥에 의지해 2층에 떠 있는 듯한 하얀 상자와 같은 주택의 모습은 당시만 해도 깜짝 놀랄 만큼 신선한 시도였습니다. 비록 당시의 시공 기술이 과거에 없던 형식에서 비롯된 모든 문제를 해결할 수는 없었고, 그 때문에 집주인으로부터 살기 불편하다는 이야기를 여러 차례 들어야 했지만요. 이 건물 어디를 보아도, 일부러 시간을 들여 만들었을 것 같은 오밀조밀한 장식의 모습은 없습니다. 대신 내부 공간은 널찍한 테라스와 옥상의 정원까지 이어지는 경사로를 통해 공간의 구성을 즐길 수 있는 장치들로 가득하지요. 장식이 담당하던 건축적 풍요로움의 생성이라는 역할을 이제는 순수한 기하학적 요소가 만들어 내는 공간의 유희가 가져간 것이라고 할까요?

미니멀리즘의 시조,
미스 반 데어 로에

모더니즘의 최전방에 서서 그 흐름을 주도했던 건축가는 르 코르뷔지에지만, 모더니즘의 미니멀한 특징을 자신의 건축적 주제로 가져온 건축가는 미스 반 데어 로에입니다. 1886년 독일에서 태어난 미스는 아돌프 로스처럼 석공인 아버지를 둔 덕분에 어렸을 때부터 돌을 만지며 자랐습니다. 어쩌면 이때부터 돌이라는 재료의 육중함과 단순함에 영향을 받았을지도 모르지요. 젊은 시절에는 전통적인 양식의 주택들을 주로 설계했지만, 그러는 동안 새로운 디자인 이론에 대한 고민을 꾸준히 해 나갔습니다. 르 코르뷔지에와 마찬가지로 선배 건축가 페터 베렌스의 사무실에서 일하면서 동시대 디자인의 급격한 발전에 영향을 받아 이러한 고민은 더욱 깊어졌지요.

미스가 세상에 이름을 알리기 시작한 계기는 1921년 프리드리히 거리 마천루 설계 공모전이었습니다. 마천루는 하늘을 찌를 듯이 높게 솟은 고층 건물을 뜻합니다. 이 공모전에서 그는 당시에 건축가들이 흔히 만들던 기단과 타워의 구성을 없애고 오직 철과 유리로만 이루어진 순수하고 매끈한 형태의 건축물을 제안했습니다. 비록 규정 위반으로 공모전에서 탈락하기는 했지만, 마치 중력을 무시하듯 투명하고 가볍게 서 있는 미스의 제안은 많은 사람들에게 큰 충격을 주었지요. 지금 지어져도 전혀 이상할 것이 없을 정도로 미래를 내다본 디자인이었던 것입니다. 그리고 그 바탕에는 무의미한 장식의 제거야말로 문화적 진보라고 생각하는 그의 철학이 깔려 있었습니다.

미스는 이런 열망을 1929년 바르셀로나 국제 박람회 독일관에서 비로소 실현시켰습니다. 이 건물은 작은 가설 전시관을 뜻하는 '파빌리온'의 형식으로 지어져 국제 박람회가 끝나고 해체되었지만 1986년 지역 건축가들의 노력으로 같은 자리에 복원되었습니다.

이 전시관에서 가장 눈에 띄는 것은 단순한 판처럼 보이는 지붕입니다. 놀라운 것은 이 지붕이 스스로 떠 있는 것처럼 보인다는 것입니다. 지붕 아래에는 존재감이 별로 느껴지지 않는 가느다란 철제 기둥과 연속된 유리창, 그리고 지붕을 받치는 일과는 관계없다는 듯 슬쩍 끼워진 벽이 있을 뿐입니다. 그 대신 주인공은 어디로든지 열려 있는 것 같은 자유로운 공간입니다. 미스는 장식을 제거하다 못해 이제는 중력을 이기고 땅 위에 서 있어야 하는 건축의 기본 요소조차 최소한으로 남겨 둔 것이지요.

그의 이런 의지는 전시관 안에 놓인 의자 디자인에서도 볼 수 있습니다. 그때까지 가구는 으레 나무로 만드는 것이라고 생각했습니다. 하지만 미스는 얇은 철 부재를 이용해서 체중을 견딜 수 있을 정도로만 프레임 구조를 만들고 그 위에 네모난 쿠션을 올려놓았습니다. 이른바 〈바르셀로나 체어〉의 등장인 것입니다. 이 의자는 가구뿐만 아니라 모더니즘 디자인 전반에 큰 영향을 주었습니다. 한때 젊은 건축가들 사이에서는 필수적으로 소장해야 할 아이템으로 손꼽히기도 했지요.

"Less is More" 적은 것이 더 풍부하다, 또는 간결한 것이 아름답다는 뜻입니다. 미스가 자신의 건축관을 표현하기 위해 한 말입니다. 그가 직접 만들어 낸 말은 아니지만, 그를 통해 이 한 마디가 모더니즘의 미학을 함축적으로 표현하는 경구로 자리 잡았습니다. 미니멀리즘이라는 건축의 한 분파가 이 경구를 통해 태어났다고 해도 과언이 아니지요. 하지만 단순한 것이 전부는 아니라는 점을

미스 반 데어 로에의 〈바르셀로나 파빌리온〉

출처: 미스 반 데어 로에 재단

©Pepo Segura–Fundació Mies van der Rohe

함께 살펴볼 필요가 있습니다. 미스가 오늘날까지도 미니멀리즘 건축을 대표하는 건축가로 자리매김할 수 있었던 것은, 그런 단순함을 만들기 위한 디테일을 개발하는 데 많은 노력을 기울였기 때문입니다.

건축에서 서로 다른 재료가 만날 때 어떤 방식으로 만나는지를 결정해야 하는데, 이것이 바로 디테일입니다. 그냥 두 재료를 맞대기만 하면 서로 고정도 잘 안 되고 그 사이에 틈도 생기기 때문에 반드시 어떤 조치가 필요하지요. 가장 쉬운 방법은 또 다른 재료를 사용해 그 틈을 덮어 버리는 것인데, 겉으로 보기에는 마치 불필요한 요소가 붙어 있는 것처럼 보이는 것이 문제입니다. 벽과 천장이 만나는 곳에 으레 붙이는 '몰딩'을 떠올리면 쉽습니다.

예전에는 이런 요소를 장식으로 만들어 당시 기준으로는 보기 좋게 만들었습니다. 하지만 모더니즘 시대가 오면서 이런 장식을 없애기 위한 노력이 이어졌고, 단순하게 두 재료만 붙어 있는 것처럼 보이면서 최대한 깔끔하게 모든 문제를 해결할 필요가 생겼습니다. 그러기 위해서는 보이지 않는 곳의 디테일을 복잡하게 만들어야 할 필요도 있는 것입니다. 호수 위에서 우아하게 헤엄치는 백조가 물

아래에서는 열심히 물장구를 치고 있는 것과 비슷하다고 할까요? 미스는 이러한 디테일의 중요함을 잘 이해했고, "God is in the Detail" 즉 신은 디테일 속에 있다는 말을 남기기도 했습니다.

모더니즘이 최고조에 이른 1950년대가 되면서 아무런 장식이 없는 건물들은 폭발적으로 증가했습니다. 하지만 초기의 모더니즘처럼 미니멀한 건축을 통해 순수함을 추구한다는 이상적인 목표는 점차 흐려졌습니다. 이런 흐름 속에서 건축이 의미를 전달해야 한다는 목소리가 나오기 시작했지요. 1966년 건축가이자 이론가인 로버트 벤튜리는 미스의 표현을 비꼬아 "Less is Bore" 적은 것은 지루하다는 주장을 펼쳤습니다. 바로 포스트모더니즘 건축의 등장입니다.

포스트모더니즘을 주장한 건축가들은 과거의 장식을 재해석하여 되살림으로써 건축에 역사의 암시나 상징, 호기심과 유머 같은 의미를 부여하려고 했습니다. 그러나 이러한 시도 또한 저급하고 감상적인 건축을 양산하면서 오래가지 않아 수그러들고 말았습니다.

건축에서 모더니즘은 여전히 유효한 가치입니다. 비

록 지금이야 많은 건축 경향이 혼재되어 있지만, 인류 역사상 처음으로 장식을 완전히 배제하고자 했던 시도는 다시 과거로 돌아갈 수 없는 선을 넘는 것과 같았습니다. 대신 미니멀한 건축을 추구하는 태도는 앞서 이야기했던 것처럼 미니멀리즘이라고 불리며 현재 건축과 인테리어의 여러 스타일 중 하나로 자리를 잡았습니다.

미학에서 환경으로, 덜 쓰고 덜 배출하는 건축

1990년대 들어서면서 건축계는 주도적인 흐름이라고 할 수 있는 경향이 희미해졌고, 미적 판단의 문제가 취향의 문제처럼 여겨지기 시작했습니다. 동시에 환경 친화적인 건축에 대한 관심이 점차 증가했지요. 환경 파괴와 기후 변화를 우려하는 목소리가 힘을 얻기 시작한 것입니다. 건축 행위는 필연적으로 자연환경과 대립할 수밖에 없는 운명을 가지고 있습니다. 건축 자재를 만들기 위해서 자원을 소비해야 하는 것은 물론이고, 또 건물이 증가

하는 만큼 자연 지형과 식생의 면적은 줄어들 수밖에 없습니다. 무엇보다 대부분의 건물은 냉방과 난방이 필요하기 때문에 지속적으로 에너지를 쓰게 됩니다. 어떤 통계에 따르면 전 세계 에너지 중 36%가량을 건축물이 소비하고 있다고 합니다.

건축물이 사용하는 에너지를 줄이기 위해서는 여러 가지 방법을 쓸 수 있지만, 아무래도 처음 건축물을 지을 때 비용이 증가할 수밖에 없습니다. 그래서 건축가들과 친환경 전문가들은 이 문제를 이전과는 다른 각도에서 바라볼 필요가 있다는 것을 알게 되었습니다. 건축물의 '생애 주기 비용(Life Cycle Cost)'에 대한 분석이 그중 하나입니다. 건축물의 생애 주기 비용이란 건물을 처음 만들 때 들어가는 비용뿐만 아니라 건축물을 유지하는 데 들어가는 비용까지 한꺼번에 고려하는 개념이지요.

예를 들자면 건축물에 태양광 발전 패널을 설치하는 경우를 생각해 볼 수 있습니다. 태양광 발전 패널은 처음 설치할 때 비용이 들어가기 때문에, 당연히 설치하지 않는 경우보다는 건축비가 많이 들어갑니다. 하지만 태양광 발전은 전기료를 절약해 주는 효과가 있습니다. 그래서 어떤 시점이 되면 처음 태양광 발전 패널을 설치할 때 들어간 비용보다 태양광 발전으로 절약되는 전기료가 더 많아지기 시작합니다. 이 시점은 설치하는 설비의 종류와 규모에 따라 달라지고요. 그래서 처음 건축을 할 때 건물의 생애 주기 비용을 고려해서 어떤 선택을 하는 것이 더 경제적으로 나을지 판단할 필요가 있는 것입니다.

처음 생애 주기 비용 분석이 연구되기 시작한 동기는 경제적인 이유 때문이었습니다. 하지만 에너지를 적게 쓰는 과정에서 환경에 미치는 영향을 줄일 수 있기에, 점차 건축가들과 친환경 전문가들의 관심을 받기 시작했습니다. 어떻게 보면 환경 친화적인 건축을 만들기 위해 건축 비용을 부담해야 하는 건축주나 발주처를 설득할 수 있는 유용한 방법이기도 합니다.

1990년대 말부터 건축가들과 친환경 전문가들은 환경 친화적인 건축을 위해 보다 통합적이고 체계적인 시스템이 필요하다는 것을 깨달았습니다. 개별 건물마다 매번 새롭게 분석이나 계획을 하는 것보다는, 검증된 인증 기준을 먼저 만들고 이에 맞추어 건축물을 설계하고 짓자는 것입니다. 가장 대표적인 것이 바로 '제로 하우스'입니다. 의미를 좀 더 명확하게 하기 위해 '제로 에너지 하우스'라고도 하지요. 어감에서도 느낄 수 있듯이 기후 변화 위기가 닥친 지금 시대에 걸맞은, 새로운 기준의 미니멀 건축인 셈입니다.

제로 하우스의 목표는 말 그대로 집이 소비하는 에너지가 제로, 즉 0이 되도록 하는 것입니다. 이를 위해 크게 두 가지 방법이 있는데, 그에 따라 각각 액티브 하우스와 패시브 하우스로 나눌 수 있습니다. 액티브 하우스는 친환경 에너지를 생산하는 설비를 적극적으로 설치해서 집이 외부의 에너지 공급 없이 유지될 수 있게 하는 방법입니다. 반면 패시브 하우스는 효율이 높은 단열재를 사용하거나 기밀한 시공을 통해 겨울에는 집 안에 있는 열을 가두고 여름에는 외부의 열을 차단하는 방식으로 냉난방에 들어가는 에너지를 획기적으로 줄이는 방법입니다. 물론 두 가지 방법을 절충해서 쓸 수도 있지요.

제로 하우스의 개념은 21세기에 들어서면서 건축의 중요한 키워드가 되었습니다. 그중에서 패시브 하우스의 기준은 1996년 독일에서 처음 만들어져 널리 전파되기 시작했습니다. 우리나라에서도 일정 기준을 충족하면 '패시브 하우스 인증'을 받을 수도 있지요. 특히 단독 주택을 지을 때 이 기준을 적용하는 경우가 많아졌습니다. 그뿐만 아니라 법적인 기준도 점차 강화되어, 공공 건축물의 경우 단열 정도나 신재생 에너지를 사용해야 하는 비율은 제로 하우스에 준할 정도가 되었습니다. 또 일정 규모 이상의 공공 건축물이라면 '제로 에너지 건축물 인증'을 의무적으로 받을 필요가 있지요.

사실 무조건 기준을 강화한다고 해서 에너지를 절약하고 환경에 미치는 영향을 줄일 수 있는 것은 아닙니다. 에너지를 절약해 주는 여러 설비나 건축 재료 또한 만드는 과정에서 자원과 에너지를 쓰기 때문입니다. 이때 등장하는 개념이 바로 '탄소 발자국'입니다. 만약에 어떤 친환경 설비가 만드는 데 많은 탄소 발자국을 남긴다면, 그 설비로 인해 절약되는 에너지의 탄소 발자국과 견주어 어느 편이 환경에 덜 영향을 미칠지를 잘 따져 보자는 것이지요. 말은 쉬울지 모르지만, 건축물의 수명, 원자재의 수급, 친환경 설비의 효율, 건축물이 사용하는 에너지의 종류 등을 모두 고려해야 하는 복잡하고 어려운 일입니다.

하이테크로 친환경 건축을 추구하는 건축가, 노먼 포스터

한 가지 분명한 것은, 같은 자재를 사용하더라도 에너지를 덜 쓰는 건축물의 형태를 찾아내어 짓는다면 그렇지 않은 형태로 건축물을 만드는 것보다 확실히 탄소 발자국을 줄일 수 있다는 점입니다. 이러한 형태를 찾아내기 위해서 전문가들은 컴퓨터상의 3차원 모델을 기반으로 한 환경 분석 프로그램을 사용합니다. 이런 시도 중에서 선구적인 건축물을 하나 꼽으라면 2002년 문을 연 런던 시청사를 떠올릴 수 있습니다. 대표적인 친환경 건축가이자 영국에서 가장 성공한 건축가 중 하나인 노먼 포스터가 설계한 건축물이지요.

런던 시청사는 그 특이한 형태로 유명한 건축물입니다. 크기를 보면 10층 규모에 높이는 45m가량 되는데, 전체가 둥그스름한 달걀처럼 생겨서 '유리 달걀'이라는 별명을 가지고 있습니다. 둥그스름한 형태는 보통의 건축물처럼 육면체로 만들 때보다 표면적을 대폭 줄일 수 있는 장점이 있습니다. 런던 시청사의 경우 육면체 형태와 비교해서 약 25%가량 표면적을 줄일 수 있었다고 합니다. 게다가 런던 시청사는 달걀을 비스듬히 세운 것 같은 모습으로 만들어졌는데, 기울어진 남쪽 방향으로는 마치 계단을 거꾸로 뒤집어 놓은 것처럼 아래층으로 내려가면서 건축물이 점점 후퇴하게끔 설계가 되어 있습니다. 이렇게 만들면 각 층마다 위층을 처마나 차양처럼 쓸 수 있기 때문에 여름철에 직사광선을 덜 받을 수 있습니다. 동시에 북쪽은 기울기가 완만해져서 남쪽과는 반대의 효과를 누릴 수 있지요.

런던 시청사는 형태뿐만 아니라 건물이 사용하는 에너지 또한 태양광 발전 패널과 지열 발전 시스템을 이용하여 외부로부터 받는 에너지의 양을 최소로 줄이기 위해 노력했습니다. 건축물에서 사용하는 물 중 비교적 깨끗한 생활 하수는 화장실 용수 등으로 다시 사용하는 물 순환 시스템도 갖추고 있습니다. 이러한 특징을 종합해 보면 런던 시청사는 건축물이 환경에 미치는 영향을 최소로 하기 위한 여러 시도가 이루어진 획기적인 공공 건축물인 것만은 틀림없습니다.

그러나 요즘 하루가 다르게 강화되고 있는 친환경 기

준들에 비추어 보면 아쉬운 점이 보이는 것도 사실입니다. 런던 시청사는 외장재로 유리를 주로 사용하고 있기 때문에 기본적으로 받는 직사광선의 양이 많은 편입니다. 따라서 여름에 냉방에 사용하는 에너지가 처음 기대했던 것보다 많이 들어갈 수밖에 없었습니다.

1935년에 태어난 노먼 포스터는 처음 하이테크 건축으로 이름을 알리기 시작했습니다. 특히 홍콩의 HSBC 빌딩은 보통 건축물의 내부에 있어야 할 구조를 바깥으로 밀고, 이로부터 각 층을 달아매는 혁신적인 방식으로 내부에 커다란 공간을 만들었습니다. 또 그는 유리와 철, 알루미늄과 같이 엄밀한 시공이 가능하면서 첨단의 느낌을 주는 외장재를 주로 사용했지요. 노먼 포스터의 초기 작품은 형태적인 미니멀 건축과는 큰 관계가 없어 보였습니다. 그러나 그는 새로운 기술이 가져올 친환경 건축의 가능성을 찾기 위해 많은 노력을 기울였고, 이를 매끈한 첨단 재료를 통해 표현하면서 건축물의 형태가 점차 단순하게 변해 갔습니다. 말하자면 환경 친화적 관점에서의 미니멀 건축과 미학적 관점에서의 미니멀 건축이 서로 만나기 시작한 것이지요.

'유리 달걀'이라는 별명을 가진 노먼 포스터의 런던 시청사, 영국 런던, 2002년
출처: 위키미디어커먼스

이런 노력의 결실이라고 할 수 있는 건축물이 2017년 완성된 미국 캘리포니아주 쿠퍼티노에 있는 애플 파크입니다. 미국 최고의 기업 중 하나인 애플의 본사이지요. 건축물 자체가 둘레 1.6km인 하나의 거대한 링으로, 형태적으로 가장 완벽하고 단순하다는 원의 형상을 하고 있습니다. 역시 노먼 포스터가 설계한 건축물답게 벽면은 바깥쪽 면과 안쪽 면 모두 유리 패널을 사용하고 있습니다. 대신 길게 나온 차양이 직사광선을 걸러 주는 역할을 하고 있지요. 지붕 면은 전체가 태양광 발전 패널로 덮여 있어 건축물이 필요로 하는 전력의 대부분을 공급할 수 있습니다.

또한 실내 온도와 자연 환기는 자동화된 시스템이 담당하여 1년 중 9개월은 냉방이나 난방이 필요 없다고 합니다. 원의 안쪽에는 연못이 있는 정원을 만들고 다양한 식물을 심어 자연 속에 있는 것과 같은 환경을 만들었지요. 런던 시청사로부터 15년이라는 시간이 흐르는 동안 기술의 발전이 거듭된 덕도 있지만, 이를 극한으로 밀어붙여 세계적으로 가장 친환경적인 건축물 중 하나를 만들어 낸 건축가의 역할이 크다고 할 수 있습니다. 제품을

친환경 건축의 노하우가 집결된 애플 파크, 미국 쿠퍼티노, 2017년
출처: 위키미디어커먼스 ⓒDaniel L. Lu

만드는 데 있어 미니멀리즘과 완벽을 추구하는 애플이라는 회사의 성격과도 꼭 맞는 건축물이기도 하고요.

로테크로 친환경 건축을 추구하는 건축가, 반 시게루

최신 기술과 첨단 재료를 적극적으로 받아들이는 하이테크 기반의 친환경 건축도 있지만, 그 반대편에는 재활용과 지속 가능성을 중시하는 로테크 기반의 친환경 건축도 있습니다. 로테크는 상대적으로 단순하고 저렴한 기술로, 에너지와 자원을 적게 소비하고 지역의 특성과 환경을 최대한 이용할 수 있다는 장점이 있습니다. 특히 우리에게 친숙한 재료를 혁신적인 방법으로 사용하여 이전의 건축 재료나 부재를 대체하는 아이디어들이 연구되고 있지요. 반 시게루가 이런 경향을 대표하는 건축가입니다.

반 시게루는 1957년 일본 도쿄에서 태어났지만, 건축 공부는 진취적이고 실험적인 성향으로 알려진 미국 캘리포니아의 사이아크 건축 학교에서 시작했습니다. 그 후 쿠퍼 유니언에 입학하여 학구적인 건축가이자 교육자 존 헤이덕에게 가르침을 받았습니다. 헤이덕의 가르침을 통해 반은 기본적인 형태를 바탕으로 건축적인 실험을 끈기 있게 추구하는 성향을 길러 나갔습니다. 그는 최신의 재료와 기술에는 큰 관심을 보이지 않았지요. 그 대신 저렴한 재료를 사용해 값싸고 짓기 쉬운 주택을 어떻게 만들지를 고민했습니다. 특히 그의 아이디어가 사회적 약자나 난민의 주택 문제를 해결할 수 있기를 바랐습니다.

1994년, 아프리카 르완다에서 참혹한 내전이 일어나자 많은 난민들이 생겨났습니다. 이때 반은 유엔 난민 기구와 협력하여 난민을 위한 새로운 임시 보호소를 제안했습니다. 바로 종이로 집을 짓기로 한 것이지요. 반은 상자를 만들 때 쓰는 흔한 판지를 말아 원통 모양의 종이 튜브를 만들고 이를 주요 건축 부재로 사용했습니다. 그 이전에는 난민들에게 임시 보호소를 만들 재료로 알루미늄과 플라스틱을 제공했지만, 난민들은 그렇게 받은 재료는 팔아 버리고 대신 주변의 나무를 베어 집을 만드는 경우가 많았습니다. 이로 인해 산림 파괴와 플라스틱으로 인한 환경 오염이 심각한 상황이었지요. 반이 종이를 선택한

반 시게루의 종이 튜브로 만든 고베 지진 임시 보호소, 일본 고베, 1995년
출처: Shigeru Ban Architects

반 시게루의 종이 튜브와 커튼으로 칸막이를 만든 동일본 지진 임시 보호소, 일본 도호쿠, 2011년
출처: Shigeru Ban Architects

이유는 일단 쉽게 구할 수 있는 데다 재활용 과정이 다른 재료들에 비해 훨씬 간단한 환경 친화적 재료이기 때문입니다.

1995년에는 일본 고베에 진도 7에 달하는 강진이 일어났습니다. 수만 명의 사상자가 발생하고 집을 잃은 사람도 수없이 많았지요. 이때 다시 한번 반의 종이로 만든 집이 빛을 발했습니다. 반은 맥주병을 담는 플라스틱 상자를 가져다가 기초를 만들고, 그 위에 종이로 만든 튜브를 이어 세워서 마치 통나무로 지은 것과 같은 임시 보호소를 만들었습니다. 집이 갖추어야 할 최소한의 요소만 가졌고, 동시에 완전히 재활용이 가능한 재료로만 지은 진정한 미니멀 건축물인 셈이지요.

반은 임시 보호소 외에도 종이 튜브를 구조 부재로 사용하는 여러 건축물을 지었습니다. 타카토리 가톨릭교회는 지진으로 무너진 지역 사회의 구심점을 회복하기 위해 종이 튜브와 천으로 지은 임시 교회입니다. 나중에 해체될 건축물이지만 반은 세심한 설계를 통해 견고하고 아름다운 교회를 만들어 냈고, 갈 곳을 잃은 이재민들에게 큰 위로를 주었다고 합니다. 이 교회는 2005년 해체가 되어 역시 지진 피해를 입은 대만으로 보내져 다시 사용되었습니다.

또 반은 2000년 하노버에서 열린 엑스포의 일본 파빌리온을 맡게 되었습니다. 가는 종이 튜브를 연결하여 마치 대나무로 엮은 거대한 바구니처럼 보이는 일본 파빌리온은 그때까지 종이로 만들어진 가장 큰 구조물로 기록되었습니다.

건축가라면 으레 많은 건축비를 들인 화려한 건축을 설계하고 싶은 마음이 있습니다. 하지만 반은 그런 마음보다는, 어떻게 하면 건축이 사회적으로 의미를 가질 수 있는지, 또 곤경에 처한 사람들을 실질적으로 도울 방법은 무엇인지를 먼저 고민한 건축가입니다. 최소의 비용만으로 건축의 핵심 기능만을 수행하는 건축물, 그리고 동시에 재활용이 가능한 건축물이 그가 찾은 해답입니다. 그는 이러한 공로를 인정받아 2014년에 건축계의 노벨상이라고 불리는 프리츠커상을 수상하는 영예를 얻었지요.

미니멀한 건축의 정의는 한마디로 내리기 쉽지 않습니다. 말하자면 그 시대가 요구하는 가치의 기준에 따라 달라지고 있다고 볼 수 있지요. 앞서 밝혔듯이 예전에는 미학적인 측면이 강조되었다면, 지금은 환경에 미치는 영향을 줄이는 것이 더 중요한 시대가 되었습니다.

몇몇 선구적이고 혁신적인 건축가들이 앞장서서 환경 친화적 건축을 시도하고 있지만, 결국은 각자가 덜 쓰고 덜 버리는 미니멀한 삶을 추구하는 것이 더 중요하다고 할 수 있습니다. 건축은 미적인 측면에서는 절제되고 소박한 감각을 일깨워 주고, 환경적 측면에서는 나날이 진보하는 기술의 힘으로 환경에 미치는 영향을 최소화하는 길을 열어 줌으로써 그러한 삶의 실천을 도와주는 훌륭한 도구이자 터전인 셈입니다. 그리고 그 선택의 역할은 각자의 몫이고요.

우리나라의 가 볼 만한 미니멀 건축

1. 사유원

　　－대구광역시 군위군, 예약제 입장

사유원은 대구의 한 기업가가 만든 거대한 수목원입니다. 66만 ㎡의 숲 곳곳에 보석과 같은 건축물들이 자리 잡고 있지요. 이곳에는 프리츠커상을 수상한 세계적 건축가 알바로 시자의 작품과 함께 우리나라를 대표하는 건축가인 승효상과 최욱의 작품을 만나 볼 수 있습니다. 또한 한강의 선유도 공원을 설계한 조경가 정영선의 정원도 감상할 수 있습니다. 숲이 주인공이 되는 수목원이기에 대부분의 건축물들이 미니멀한 태도를 취하고 있지요. 입장료가 조금 부담스러운 것이 아쉽기는 하지만 그만한 가치의 경험을 선사합니다.

2. 수풍석 뮤지엄

　　－제주도 서귀포시, 예약제 입장

수풍석 뮤지엄은 재일 한국인 건축가 이타미 준(한국 이름 유동룡)이 제주도 서귀포의 비오토피아 리조트 내에 세운 명상 공간입니다. 세 개의 뮤지엄이 각각 물, 바람, 돌을 테마로 삼아 자연과 사람을 매개하는 신비로운 공간을 체험할 수 있게 해 줍니다.

3. 삼일빌딩

-서울시 종로구

미니멀리즘 건축의 시조이자 완성을 보여 주었던 미스 반 데어 로에의 작품이 우리나라에는 없지만, 한국의 대표적인 1세대 건축가 중 한 명인 김중업의 삼일빌딩은 미스의 영향을 깊게 받은 작품으로 알려져 있습니다. 1970년 준공 당시 우리나라 최초의 마천루이자 가장 높은 빌딩으로 많은 주목을 받았지요. 2020년 건축가 최욱과 정림건축의 손을 거쳐 더 정갈하고 아름다운 모습으로 리모델링되었습니다.

4. 유민 미술관

-제주도 서귀포시

현대 미니멀리즘 건축의 상징과도 같은 일본 출신의 세계적 건축가 안도 다다오가 설계한 미술관입니다. 강원도 원주시에 있는 뮤지엄 산이 더 유명하긴 하지만 유민 미술관은 안도의 트레이드마크라고 할 수 있는 노출 콘크리트를 외관에 좀 더 적극적으로 사용한 것을 볼 수 있습니다. 제주도 피닉스 아일랜드 리조트 내에 위치하고 있으며, 아르 누보 양식의 유리 공예품을 전시하고 있는 점이 흥미롭습니다.

최고의 정리는 비움

미니멀 생활

진민영(에세이스트, 교육 콘텐츠 창작자)

저는 2014년부터 현재까지 10년째 미니멀 라이프를 유지하고 있습니다. 미니멀리스트의 이미지가 여러분의 머릿속에는 어떻게 형성되어 있나요? 최근 몇 년간은 미디어에도 종종 소개되기도 하여 전혀 생소한 개념은 아닐 것 같은데 어떤 모습을 상상하시나요? 아무것도 없는 빈 방에서 가부좌를 한 수도승? 배낭 하나 짊어지고 전 세계를 유랑하는 자유로운 영혼? 독특한 식습관과 생활 방식을 고집하는 어쩐지 모르게 유별난 사람들?

저는 학원을 운영하는 교육 사업가입니다. 전 세계를 유목하는 방랑가도 아니고, 빈 방에서 도 닦는 수도승도 아닙니다. 독특한 식습관도 생활 양식도 추구하지 않습니다. 내 사업체에 대한 열망과 욕심이 있는 평범한 자영업자입니다. 그렇다면 미니멀리스트로서 내 생활이, 그리고 내가 남들과 어떻게 무엇이 다를까요? 그것은 세상을 바라보는 시야에 있다고 생각합니다.

마이너스의
시각

미니멀리스트들은 기본적으로 세상을 마이너스의 시각으로 바라봅니다. 무엇을 더 해서 문제 해결을 하려는 사람보다는 무언가를 덜 해서 문제 해결을 하고자 하는 사람들이 미니멀리스트입니다. 무엇을 사서 내 집을 예쁘게 꾸밀지가 아닌 무엇을 빼야 내 집이 아름답고 쾌적해질까를 고민합니다. 어떤 일을 해야 내 사업이 성공적으로 운영될까가 아닌 무엇을 하지 않아야 내 사업이 번성할 수 있을까를 먼저 고민하는 사람들입니다.

미니멀리즘은 요리, 바느질, 외국어처럼 익힐 수 있는 기술이고, 남녀노소 누가 됐든 익히고자 하는 의지만 있으면 그 누구든 배울 수 있습니다. 그렇게 익혀 두면 평생을 두고 써먹으며 내 삶을 더 나은 방향으로 이끌어 가는 데 도움을 받을 수 있지요.

미니멀리스트가 된 이후 내 삶이 어떻게 변했는지, 무엇이 얼마나 좋아졌는지 콕 집어 말하기에는 어려움이 있습니다. 지금까지 일궈 낸 모든 성과를 미니멀리즘의 공으로 돌리기에는 모순이 있고, 삶의 모든 면면이 물론 다 좋은 쪽으로만 흘러가지도 않았습니다.

하지만 분명히 말할 수 있는 한 가지는 내가 목표로 하였던 많은 것들을 성취하는 데 있어 미니멀리즘의 역할이 있었다는 것입니다. 생각을 행동에 옮기고 행동을 꾸준히 쌓아 올릴 용기와 실천력을 미니멀리즘이 주었습니다.

마이너스의 시각으로 세상을 바라본다는 것은 더 많고 넓은 선택지를 내게 제공합니다. 문제에 봉착했을 때 활용할 수 있는 선택지가 많다면 그만큼 해결의 여지도 늘어나지요. 다양한 선택지를 활용하고 모색할 수 있는 환경이 제게는 있습니다.

덜어 내고 비우고 줄이는 훈련과 습관은 스스로에 대한 깊은 이해를 다지는 데도 도움을 줍니다. 나는 어떤 가치가 중요하고 선택과 판단의 기준은 무엇이며 일을 처리할 때 무엇을 우선시하고 그렇게 만들어진 나의 우선순위는 무엇인지, 이처럼 누가 언제 어디서 나에 대한 어떤 질문을 해도 나는 망설임 없이 답할 수 있는 사람이 되었습니다. 스스로에 대한 확신은 뭔가를 채우는 연습보다 덜어 내는 과정에서 뚜렷해졌습니다. 일반적으로 좋아하는 것보다 싫어하는 것이 더 명확하고 떠올리기가 쉬우며, 싫어하는 것을 소거해 나가다 보면 여집합이 결국 내가 열정을 가진 소중한 것들이 됩니다.

모든 것이 첨단과 고속이며 끊임없이 새로움이 양산되고 업데이트되는 시대일수록 삶이 더 호전되어야 하는데 어쩐지 모르게 우리의 삶은 점점 더 퇴보하고 있다는 생각이 듭니다. 아이도 낳지 않고 취업도 되지 않고, 젊은 세대는 자신의 처지와 현실을 비관합니다. 생활고에 시달리며 우울하고 무기력한 사람들이 넘쳐납니다. 벼랑 끝에 내몰린 우리는 대안적인 삶의 방식을 모색합니다. 그렇게 서서히 결핍, 비움, 침묵의 아름다움이 주목을 받고 이를 실천하며 긍정의 변화를 경험하는 이가 늘어갑니다.

이제 사람들은 적극적으로 결핍을 찾아 나섭니다. 디지털 디톡스를 강제하는 카페가 문전성시를 이룬다고 합니다. 전화기도 와이파이도 어떤 전자 기기도 허용되지 않는 산골 오지에 자리한 리조트가 인기이며, 템플 스테이와 명상도 의미 있는 시간을 보내는 방법으로 인정받고 있습니다. 먹을 것이 도처에 널린 도시를 피해, 단식원에 들어가 식의 결핍을 주도하기도 하고 제주도 한 달 살기,

휴대폰을 반납한 후 입장해야 하는 카페. 점점 이런 공간을 찾는 사람들이 늘어 간다.

출처: 〈욕망의 북카페〉 업체 등록 사진

남해 한 달 살기처럼 탈도시의 움직임도 늘어나고 있습니다. 이런 것들에 사람들이 환호하고 열광하는 것은 마이너스가 가져다주는 이점에 동의하기 때문입니다. 결핍이 가져다주는 혜택을 사람들은 인지하고 있습니다.

세상을 뺄셈의 시각으로 바라보고 미니멀리스트처럼 사고하고 행동하고 생활하며 자신만의 가치관을 단단히 뿌리내리는 데 간소함의 정신을 활용했으면 합니다. 의식해서 덜어 내고 줄이고 단순하게 하려고 애쓰지 않으면 좀처럼 뺄셈의 수식을 쓸 일이 없습니다. 우리 사회의 대세는 침묵과 결핍, 고독과 적막에 관대하고 협조적이지 않거든요. 그렇기에 뺄셈의 수식을 획득한다면 남들에게 없는 무기 하나를 손에 쥔 셈이지요. 한손잡이들만 가득한 세상에서 양손잡이가 되어 조금 더 유리한 위치를 선점하는 것입니다.

한 번 스스로에게 물어보세요. 줄여서 얻을 수 있는 혜택은 무엇이 있을까? 비움으로 내 삶이 더 나아질 수 있을까? 행복해지기 위해 내가 하지 말아야 할 일은 뭐가 있을까? 미니멀리스트처럼 사고하고 생활하는 시작은 이 몇 가지의 질문에서 출발합니다.

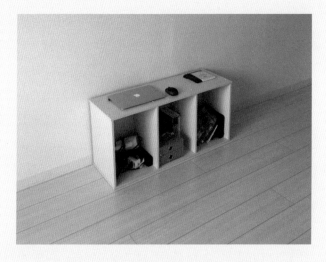

3단 서랍장을 가로로 눕혀 책상 대용으로 사용했다. 일본에서 생활하던 1년 남짓 기간 동안 가구라고는 3단 책장 하나만으로 넘치도록 안락하게 지냈다.

단조로움을
유지하는 이유

저는 가끔 주변 지인들에게 우스갯소리로 '세상에 있는 모든 책이 다 같은 디자인이었으면 좋겠다'고 말을 해요. 그만큼 저는 다양성에 대한 알레르기가 있습니다.

학원을 운영하다 보니 비품 살 일이 많습니다. 학습 자료부터 행정 서류까지 여러 출력물을 보관하는 서류철도 필요하고, 아이들이 쓰는 필기도구도 있어야 하지요. 서류철부터 슬리퍼, 연필, 지우개, 색연필, 형광펜까지, 대부분의 용품들은 규격, 브랜드, 사이즈, 색상, 디자인을 통일해서 사용합니다.

서류철은 색상도 크기도 제조사도 같은 3센티 두께의 3공 바인더 한 종류, 아이들이 착용하는 슬리퍼도 치수만 다를 뿐 색상과 디자인이 같은 것을 여러 개 구매해서 비치해 놓고 있습니다. 아이들이 쓰는 연필도 다 같은 회사의 제품입니다. 책꽂이, 연필꽂이, 강의실마다 있는 시계마저도 완벽히 똑같은 것을 여러 개 구매해 사용합니다. "뭐하러 같은 제품을 두 개씩 샀냐?" 지인들이 학원에 놀러 올 때면 꼭 묻게 되는 단골 질문입니다.

이처럼 매일같이 사용하는 소모품, 생활필수품, 소진되면 리필해야 하는 형태의 소비재는 규격을 통일하고 양식을 같이하는 방식을 고수합니다. 다양성을 지양하고 통일된 소비 패턴을 추구하게 된 것은 이렇게 생활했을 때 압도적으로 편리하고 이점이 많기 때문입니다. 득실을 저울질했을 때, 다양성을 추구해서 얻을 득은 아예 없다고 봐도 무방한 데 반해, 많은 것을 통일했을 때 경험한 혜택은 셀 수 없을 정도였습니다.

무언가를 다양하게 구비한다는 것은 예측 가능하지 않음을 의미합니다. 다음에 무엇을 살지, 이보다 더 나은 제품이 있지는 않을지, 계속해서 고민을 파생시킵니다. 그 말인즉슨, 새로움을 소비하면 이로부터 또 다른 욕망이 파생되어 더 나은, 더 새로운, 더 발전된 다른 것을 끊임없이 갈망하게 합니다. 이렇게 소모품의 영역에 기약 없는 새로움이 개입하기 시작하면, 생활은 일관성을 잃습니다. 더 많은 물건이 점점 더 필요해지는 복잡한 일상이 되어갑니다.

파생 소비란 것이 본래 무섭습니다. 차를 사면 차 값

같은 색상과 디자인의 옷이 여러 벌 걸려 있는 페이스북 창업자 '마크 저커버그'의 옷장이다. 한 가지라도 선택할 일을 줄이고자 하는 그의 가치관을 볼 수 있다.

만 드는 것이 아닌 차로 인해 파생되는 소비가 더 많은 지출과 낭비를 유발합니다. 통일된 소비는 다소 지루해 보이지만 그럼에도 일관된 소비를 하는 사람은 광고와 마케팅에 대해서도 충분한 방어력을 갖춥니다. 반면, 새로운 것들에 늘 목말라 있으면 광고에 그 누구보다 취약해지죠.

하루 동안 우리가 내려야 할 선택은 정말 많습니다. 불필요한 선택이라면 가급적 안 하고 싶습니다. 불필요한 선택을 고심하는 데 쓸 에너지를 아껴 더 중요한 선택을 잘하고 싶습니다. 집중력을 발휘하고 싶은 선택들은 생활의 만족과 업무의 질, 성과에 직접적인 영향을 주는 비중 있는 선택들입니다.

구매처가 고정적이고 언제든 재고 확보가 된다는 사실도 안도감을 줍니다. 지나치게 희소한 물건이라면 제품을 구하기 위해 발품을 팔아야 하고, 특정 플랫폼에서밖에 구입이 안 되는 까다로운 제품은 구입의 과정에 괴로움을 만듭니다. 하지만 언제 어디서든 손쉽게 구할 수 있는 대중적인 제품은 품절에 대한 압박도, 구입에 대한 불안도 없습니다.

게다가 통일된 양식을 유지하는 공간은 시각적으로

나를 편안하게 합니다. 학원에 들어서면 각을 맞춰 정리된, 색깔도 크기도 똑같은 파일이 책꽂이에 질서 정연하게 정리되어 있습니다. 모양도 크기도 색깔도 제각각인 것들은 아무리 잘 정리해 두어도 시각적으로 산만합니다. 반대로, 개수가 다소 많을지라도 규격과 디자인을 통일하면 아무리 많아도 질서를 흐트러뜨리지 않습니다. 마치 정리의 달인이 운영하는 마트의 음료 진열대 앞에 선 것과 같은 기분 좋은 안정감입니다.

삶의 모든 영역에서 다양함을 추구할 필요가 있을까요? 구태여 나의 에너지를 낭비하게 하는 불필요한 다양함이 아닐까요? 그 대신 이 다양함에 대한 욕구를 한 영역에 집중해서 결과를 극대화하고 싶습니다. 저의 경우, 학원을 운영하며 교육 콘텐츠를 개발하고 창작합니다. 이때 나의 다채로움에 대한 열망과 독창성, 아이디어, 번뜩이는 영감을 마음껏 분출합니다. 집중하고 싶은 하나의 영역에서만 다채로움을 뽐내도 충분한 만족감이 있습니다. 오히려 이렇게 개성을 한곳에 집중해서 분출하고 표출했을 때 그것이 더 품질 좋은 결과로 이어집니다. 어설프게 관심 없는 영역까지 다채로워지며 생활을 산만하게 하고 싶지 않습니다. 에너지를 아껴, 중요한 단 한곳에 투자해야 하니까요.

매일같이 해야 하는 일들이 있습니다. 무엇을 먹고 무엇을 입고 어떤 물건을 사용할지와 같은 의식주와 관련된 의사 결정입니다. 이러한 일과에서만이라도 의사 결정으로부터 자유로울 수 있다면 기꺼이 그리할 것입니다.

진정한 의미의
만족

사람들은 새로움을 소비하는 것만이 즐거움의 원천이자 나를 신나고 기분 좋게 하는 활동이라 여깁니다. 하지만 사실 소비가 주는 만족감은 일시적 쾌락에 불과합니다. 쾌락 중추를 자극해 도파민을 분비시켜 기분 좋은 착각에 우리를 빠지게 하는 것이지 실은 그다지 가성비가 뛰어난 만족 추구 방법은 아닙니다.

새로움을 소비한다는 것은 비일상의 경험입니다. 나의 기존 생활 방식을 고려하지 않은 소비이지요. 하지만 우리는 대부분의 시간을 일상적인 것들을 하며 보냅니다. 그리고 나의 일상은 그리 쉬이 변하지 않습니다.

예를 들어, 인터넷 서핑을 하다가 한 다이어트 광고 문구를 보게 되었다고 가정해 봅시다. 다이어트 프로젝트에 참여한 사람이 운동으로 한 달에 10kg을 감량하는 데 성공했다는 사례를 봅니다. 이 사람은 특정 브랜드의 사이클을 운동 기구로 활용해 다이어트에 성공했다고 합니다. 광고를 본 우리는 머릿속으로 시작도 하지 않았지만 매일 저녁 저 사이클을 한 시간씩 타고 한 달 뒤 몸짱이 되어 있는 모습을 상상합니다.

그러나 나의 평상시 일반적인 생활은 사이클은커녕 가벼운 스트레칭이 자리할 틈조차 없습니다. 퇴근 후 몸이 녹초가 되어 앉은 자리에서 잘 움직이지도 않는 게 보통의 생활입니다. 그렇다면 저 사이클 하나로 내 생활이 180도 변할 수 있을까요? 그런 일은 일어나지 않습니다. 따라서 사이클을 구매해도 이것이 내 일상에 스며들기는 어렵습니다. 하지만 우리는 제품을 보고 장바구니에 넣고 구매를 하는 과정에서 뭔가 대단한 변화가 일어날 것이라는 착각을 하기에 흥분이 되고 사이클이 도착하는 그날

만을 손꼽아 기다리게 됩니다.

하지만 현실은 어떤가요? 사이클이 도착하는 순간, 도파민은 더 이상 분비되지 않습니다. 어떤 쾌락의 감정도 들지 않죠. 오히려 그것이 방치된 모습을 목격하고 그 시간이 길어질수록 자신에 대한 원망과 자책이 늘어납니다. 괜한 돈을 들여 비싼 빨래 건조대를 샀다고 말이죠.

일시적 쾌락을 자극하는 대부분의 소비들은 대체로 나의 생활을 고려하지 않아 일상에 편입되지 않습니다. 그러니 자연히 소비가 끝남과 동시에 쾌락도 순식간에 연소되어 버립니다. 돈값 하지 않는, 가성비 떨어지는 쾌락 추구 방식이지요.

그렇다면 영구적으로 지속될 수 있는 깊이 있는 만족은 무엇일까요? 저는 그것이 새로움을 소비하는 것이 아닌, 나의 일상에 밀접하게 맞닿아 있는 주변 환경을 잘 유지, 관리, 보수하는 활동이라 생각합니다. 나의 생활을 면밀하게 관찰하여 내 일상을 풍요롭게 만드는 것이 무엇인지 알고 그것들을 잘 돌보는 것입니다.

나는 아침에 일어나 샤워를 먼저 하는지, 옷부터 갈아입는지, 식사를 먼저 하는지, 화장실부터 가는지, 화분에

한 물건을 오랜 시간 사용하다 보면 관리의 중요성이 빛을 발한다. 흰 블라우스는 몇 년을 입었지만, 여전히 새하얗고 입을 때 바스락거리는 기분 좋은 감촉을 지녔다.

거실 한편에 마련된 필자의 작업 데스크이다. 잘 정돈된 생활 환경은 무언가를 시작하고 집중하기에 더없이 좋은 환경이다.

물을 먼저 주는지, 가족과 대화를 어디에서 어떤 자세로 나누는지 등등 세세하게 내 생활 동선을 살펴야 합니다. 그 시간 동안 내 손과 발이 닿는 모든 물건과 가구를 보기 좋게, 깨끗하고 쾌적하고 편리하게 구성하는 것입니다.

침대는 나의 생활과 아주 밀접한 가구입니다. 하루의 1/3 이상을 함께 보내는 곳이지요. 그런 침대가 항상 깨끗하게 잘 세탁되어 있고, 좋은 냄새가 솔솔 나며, 내가 좋아하는 색상과 디자인의 쿠션과 이불보, 침대 시트가 깔려 있다고 생각해 봅시다. 침대에 눕는 시간 동안 내내 그 만족감이 지속될 것입니다. 안락하고 푹신한 침대는 사용하는 시간이 긴 만큼 상태 좋게 관리하면 그만큼 나의 질적 만족에 영향을 크게 줄 것입니다. 그렇기 때문에 아무리 바빠도 기상 후 침대 정리는 하늘이 두 쪽이 나도 무조건 합니다. 무슨 일이 있어도 침구를 깨끗히 정돈하고 외출하는 것은 타협이 안 되는 나와의 약속입니다. 왜냐하면 그것이 귀가 후 나의 안락한 휴식을 책임지기 때문입니다.

밖에서 아무리 기분 나쁜 일을 겪고, 스트레스 지수가 높은 상황에서도 귀가 후 잘 조성해 놓은 쾌적한 공간덕에 모든 스트레스가 완화됩니다.

집은 매일같이 내가 발을 딛고 사용하는 공간입니다. 따라서 청결하고 질서 있게 집안 환경을 유지하는 것은 내게 최우선시되는 일입니다. 이곳에서 내가 즐거울 수 있다면 하루 대부분의 시간이 만족스러울 것이고, 좋은 기분이 종일 유지될 것이란 것을 알기 때문입니다. 반대로 집에서 보내는 시간이 괴롭고 제대로 쉬지조차 못한다면, 결코 기분 좋게 하루를 시작하고 끝낼 수 없습니다.

일시적인 쾌락이 아닌 영구적 만족감을 위해 나의 일상과 생활에 맞닿아 있는 물건과 공간을 잘 돌보아야 합니다. 그것이 삶의 질적 행복을 결정합니다. 깊이 있는 만족을 경험하고 나면 새로움을 소비하는 데 흥미를 느끼지 않습니다. 그보다 기존에 가진 것들, 내 주변에 자리한 것들, 내 매일의 생활을 돕고 편리하게 해 주는 것들을 상태 좋게 유지하는 데 더 많은 공을 들이게 되지요. 왜냐하면 그것이야말로 진정으로 내게 만족감을 줄 수 있는 더 현명한 행위이기 때문입니다.

최고의 정리는
비움

청소와 정리는 정말 중요합니다. 내가 가장 많은 시간을 보내는 곳이 내 생활 공간이고 그 공간에 자리한 여러 편의 시설은 내게 실질적 도움을 주며 나의 매일을 보조합니다. 따라서 그것들에 에너지를 쏟고 소중하게 대해야 질 좋은 만족을 느끼는 생활을 할 수 있습니다.

청결하고 정돈되게 집을 관리하는 것이 중요하다는 사실은 알았습니다. 하지만 질서 있게 내 생활 환경을 관리하는 것이 말처럼 쉽지 않습니다. 정리 정돈이 그렇게 쉬웠다면 정리 컨설턴트라는 직업이 왜 있으며, 정리 정돈 관련 서적이 넘쳐 나지도 않았겠지요. 많은 사람들이 정리, 청소, 물건 관리에 어려움을 겪습니다.

정리에 무력한 무능력자조차도 쉽게 실천할 수 있는 정리법이 물건을 최소한으로 소유하는 전략입니다. 저는 정리의 시작과 끝은 비움이라고 생각합니다. 정리의 굴레로부터 완전히 벗어나는 유일한 방법도 적은 소유입니다. 비우고 비워 꼭 필요한 소수의 것들로만 내 집 안 환경을 채우면 정리에 품이 들지 않습니다. 불필요한 물건은 추가적인 노동력입니다. 작은 가위 하나조차도 공간을 차지하고 돌봄을 필요로 합니다. 물건은 곧 시간이자 공간입니다. 시간과 공간은 아주 귀중한 자원이지요.

추가적인 노동력을 요구하는 물건이 없으면 청소는 5분이 채 걸리지 않는 간단한 작업이 됩니다. 청소기를 돌리기 위해 물건을 치우고 정돈을 할 필요도 없습니다. 물건이 많지 않으니 넓은 집을 고집할 필요가 없어 작은 집에서도 쾌적하게 살아가니 청소는 더 간단하게 끝이 나지요. 청소기 한 번 돌리고 바닥 표면을 물걸레로 닦으면 끝입니다. 물건 하나하나 선별하며 제자리에 갖다 놓는 수고로움은 없습니다.

식기가 두 개뿐인 부엌은 절대 어지러워질 수 없습니다. 아무 데나 갖다 놓아도 밥그릇 하나 접시 하나가 집을 어질러 봤자 얼마나 어지를 수 있을까요. 반대로 정리를 아무리 잘해도 그릇이 10개가 넘어가면 공간을 차지하고 조금만 방심하면 집은 산만해집니다.

물건의 절대적인 가짓수를 줄였다면 그다음은 물건의 제자리를 정해 주는 것입니다. 제자리를 정해 주었다면 그다음부터는 사용 후 자기 집으로 돌려 보내는 것입니다. 이 단순한 동작만을 기억해도 집은 절대 어지러워지지 않습니다. 내 집이 정리가 안 되는 이유는 지나치게 많은 물건들이 제자리 없이 자리하고 있기 때문입니다. 최소한의 물건만을 소유하고, 소유한 최소한의 것들에 제집을 정해 주고, 그 자리로 물건을 되돌려 놓는다는 약속만 지킨다면 24시간 내내 나는 깨끗하고 정리된 집에서 살 수 있을 것입니다.

기본적으로 물건이 많으면 아무리 정리 스킬이 뛰어나도 절대적으로 품이 많이 듭니다. 반면 물건이 적으면 깨끗한 환경을 유지하기가 한결 수월해집니다. 그렇기에 청소하고자 하는 마음을 먹기도 상대적으로 쉽습니다. 청소하고자 하는 마음을 쉽게 먹으면 자연히 실천도 자주 하게 되죠. 실천이 쉬워져 자주 청소를 하게 되면 더 많은 시간을 깨끗한 환경에서 보내게 됩니다. 매일같이 깨끗한 환경에서 기거하다 보면 이 상태를 유지하고자 하는 의지와 욕심이 생기기에 더 청소를 게을리하지 않습니다. 이것이 선순환의 고리가 됩니다. 청소가 쉬워지니 더 자주 하게 되고, 더 자주 치우고 쓸고 닦으니 집이 더 깨끗해지

필자의 거실. 물건이 적은 집은 어지르기가 불가능하다. 꼭 필요한 것들만 갖추고 살아가면 집은 온전한 쉼의 공간이 된다.

고, 깨끗한 집에서 매일 살게 되니 더 청소를 자주 하고, 이것이 반복되니 늘 깨끗하고 정돈된 집에서 높은 만족감을 가지고 생활하게 됩니다. 삶에 대한 높은 만족감은 상황을 긍정하는 태도를 만들고 이는 관계, 학업, 업무 등 삶의 여러 영역에 좋은 기운을 남깁니다.

물건을 줄이는 것은 어떻게 보면 최소한의 비용과 시간으로 인생을 변화시킬 수 있는 최고의 방법이라는 생각을 합니다.

몰입할 수 있는 힘

인간이 쓸 수 있는 집중력의 총량이 점점 줄어들고 있다는 조사 결과가 있습니다. 설득력이 없는 주장이 아닌 게, 유년 시절 사회관계를 맺기 시작한 때부터 디지털 기기와 함께 성장한 요즘 아이들이 2시간짜리 영화 한 편을 보기 힘들어한다는 이야기가 있습니다. 그래서 혹자는, 한 가지에 장시간 몰입할 수 있는 능력이 후대에는 엄청난 경쟁력이 될 것이라고 이야기해요. 어떤 지인은 자신이 물려줄 수 있는 최고의 유산이 '집중하는 힘'이라고도 하고요.

요즘 아이들은 짧게는 2, 3분 길어도 10분 내외의 짧은 타임 프레임에 고정되어 있어요. 글은 SNS를 통해 소비하고, 문화는 밈(틱톡, 짤방)으로 배우죠. 글은 300자를 넘기기 어렵고, 학문은 장르에 상관없이 움직이는 이미지, 다채로운 소리, 자막과 내레이션과 함께 섭취합니다.

인간의 뇌는 한 번에 처리할 수 있는 정보의 용량이 정해져 있어요. 일정 용량을 넘어서면 스스로 셧다운을 합니다. 결국 아무것도 기억하지 못하는 상태에 이르게 됩니다. 이 같은 현상이 이례적이라고 볼 수 없는 것이 주변은 온통 나의 소중한 집중력을 도적질하는 요소들로 가득해요. 뭔가 한 가지를 진득하게 하는 것, 한 번에 한 가지씩, 하나의 감각만으로 하는 작업과 시도가 현대인의 삶에는 결여되어 있습니다.

저는 대부분의 정보와 지식을 고전적이고 느린 방식으로 소비해요. 여가와 오락도 마찬가지죠. 영상은 거의 보지 않습니다. 눈과 귀를 동시에 사용해야 하는 일은 지

극히 제한해 놓고, 대부분의 시간은 무언가를 읽거나(눈만 사용), 무언가를 듣거나(귀만 사용), 또 무언가를 쓸(손만 사용) 뿐이죠.

나의 감각은 다중 작업(multi-tasking)에 뛰어나지 않아, 한 번에 여러 감각을 쓰면, 피로감을 쉽게 느낍니다. 물론 선천적으로 멀티태스킹이 잘되는 사람도 있겠지만, 그들 또한 업무 효율이 하나에 집중했을 때와 비교한다면 작업의 품질이 분명 떨어질 것이에요.

그래서인지 제가 만든 창작물은 대부분 호흡이 깁니다. 팟캐스트 에피소드는 한 편에 짧게는 30분 길게는 2시간 분량입니다. 글도 원고지 10매 분량의 긴 글만 쓰고, 이마저도 하나의 주제를 놓고 10편, 20편씩 장기 프로젝트로 더디게 기획합니다. 10분을 넘기기 어려운 영상물과 단락 구분도 없는 서너 줄의 짧은 글이 대세인 요즘 시대에 걸맞지 않은 제작 방식이라 생각할지도 모르겠습니다. 하지만 소비하는 데 20분이 채 걸리지 않는 콘텐츠는 스스로 선호하지 않기에, 생산하지도 않습니다.

길이만을 까다롭게 엄선하는 것이 아닌, 패널, 출연자가 많이 등장하는 오락물도 보지 않습니다. 1:1 인터뷰

혹은 토크쇼의 경우 출연진이 3인을 넘기지 않는 것을 선호하죠.

여기서 더 나아가, 시청하고 청취하고 읽는 데 2~3시간 이상 걸리는 콘텐츠를 한 번 보고 그치는 것이 아닌 두세 번 반복해서 보고 듣고 읽습니다. 왜 이렇게까지 하냐고요? 무언가 내 안에 들어와 기존에 자리한 나의 지식과 새롭게 만나 화학 작용을 일으키려면 적어도 한두 시간 이상의 더딘 과정이 필요하기 때문입니다.

저는 창작을 하는 사람이기에, 양질의 정보 섭취는 선택이 아닌 필수이지요. 질 좋은 정보와 지식만을 선별해 오랜 시간 그것을 소화해 나의 언어로 설명하고 응용할 수 있어야 생산 가능한 독창적인 결과물이 됩니다. 같은 이유로 SNS도 하지 않고, 매체도 책과 신문, 라디오 같은 낡은 것들을 가까이합니다.

시간이 흐름에 따라, 더 많은 사람들이 미니멀리스트의 라이프 스타일에 공감합니다. 물건을 줄이고, 시공간과 정신의 자유를 경험합니다. 불필요한 것을 덜어 내고 홀가분한 마음을 느끼는 이유는 지나친 소유가 우리 삶을 복잡하게 하고 골칫거리를 늘리고 스트레스를 유발하

일본 거주 당시, 약 6개월간 집에 인터넷이 없었다. 집에서만큼은 세상과 연결되기보다 나 자신과 충분한 시간을 보내고 싶었다.

기 때문이에요.

쓰지 않는 물건, 정돈되지 않은 생활 환경이 주의력을 분산시키고 생활의 효율과 질을 떨어뜨리는 건 이제 더 논의할 필요가 없는 사실입니다. 이는 머지않아 우리의 정신세계에도 확장이 될 것입니다. 그것이 지금의 한정된 지식 소비 형태에 나타나고 있어요. 불필요한 물건을 가득 쌓아 놓은 안락하지 않은 생활 공간처럼, 토막 난 형태로 섭취한 정보들은 쓰임새 없이 자리만 차지할 뿐, 창의력과 내실 있는 지적 자산이 되지 않습니다.

2, 3분짜리 쇼츠와 밈은 생각의 여백을 좀처럼 허락하지 않습니다. 문장 하나를 두고 오랜 시간 곱씹을 일도 없습니다. 눈 깜짝할 사이에 바뀌어 버린 장면과 화려한 영상을 넋 놓고 바라볼 뿐입니다. listen이 아닌 hear일 뿐입니다. 읽지 않고 그저 눈으로 구경할 뿐이죠.

한 가지 주제에 관심이 생기면 다큐멘터리를 찾아봅니다. 그 분야의 전문가와 진행한 긴 인터뷰를 찾아봅니다. 책은 한 권을 느리게 꼼꼼히 읽습니다. 마음에 드는 구절은 밑줄도 치고, 책 모퉁이에 내 생각과 의문점도 적어 남깁니다. 책을 읽으며 생각은 여러 갈래로 뻗어 나갑니다. 연구하고 조사하고 싶은 주제가 떠오르면, 다른 분야의 책과 영상물을 찾아봅니다. 그렇게 내 안에는 기름진 지혜와 지식의 토양이 만들어집니다. 잘 닦아진 토대 위로 나만의 독창적인 발상이 피어납니다.

나만의 스타일을 드러낼 수 있는 옷장을 가지는 법

1. 가장 먼저, 자신을 묘사할 수 있는 형용사를 떠올려 보자. 혹은, 자신이 옷을 통해 전달하고 싶거나 강조하고 싶은 나의 장점과 가치관을 떠올려 보자. 나를 표현할 수 있는 형용사를 극대화할 수 있는 옷을 위주로 옷장을 채운다.

2. 자신의 옷장에서 이 형용사와 일치하지 않거나 협조적이지 않은 옷이 있다면 이들을 소거한다. 예컨대, 나의 경우, 단정하고 프로페셔널한 이미지를 추구하기 때문에, 편안함에 편중된 지나치게 캐주얼한 의상은 지양한다. 신발장에는 구두, 로퍼, 단화가 많고, 옷장에는 블라우스, 슬랙스, 셔츠와 같이 격식 있는 의상이 주를 이룬다.

3. 옷의 양을 줄이고 다양성을 확보한다. 작은 옷장으로도 스타일리시함을 충분히 드러낼 수 있다. 예컨대, 색상이 같아도 소재가 다른 옷은 느낌이 다르다. 또 몸에 붙는 정도에 따라 옷을 입은 사람의 인상이 달라진다. 따라서 여러 종류의 옷을 다 구비하기보다 색상과 소재, 착용감이 모두 다른 옷들로 다양하게 옷장을 꾸리면, 적은 가짓수로도 다양한 분위기를 낼 수 있다.

4. 소유하는 옷의 절대량을 제한한다. 상의 4벌 하의 2벌만 가지고 있어도 일주일 내내 다른 옷을 입을 수 있다. 따라서 개수에 목을 매기보다, 다양하게 활용이 가능한 옷을 선택하자. 장식이 많거나 패턴이 화려한 옷은 어울리는 옷들의 제약을 많이 받는다. 흰 무지 티, 검은 재킷, 갈색 로퍼와 같은 베이직한 아이템들은 어떤 옷과 함께 코디해도 좋기 때문에, 적은 가짓수로도 다양한 모습을 연출할 수 있다.

5. 몸에 잘 맞지 않거나, 까슬거리는 소재 탓에 입을 때마다 몸을 이리저리 움직이게 된다든지, 눈에 예뻐 보이는 옷임에도 불구하고 입었을 때 착용감이 불편한 옷들이 있다. 반대로, 입었을 때 자세와 행동이 자연스럽고, 거울에 비친 내 모습이 마음에 드는 옷들도 있기 마련이다. 이 같은 나의 직관적인 기분은 가장 확실한 조건이 된다. 편안하고 자신감을 주는 옷들은 남겨야 할 옷들이고 그렇지 못한 옷은 옷장에서 제외되어야 할 옷들이다.

왜 미니멀 라이프를
사는가?

미니멀리즘의 철학

최훈(강원대학교 자유전공학부 교수)

'미니멀리즘'은 국가에서 만든 사전인 표준국어대사전에도 등재된 낱말입니다. 사전은 이 말을 "되도록 소수의 단순한 요소로 최대 효과를 이루려는 사고방식"이라고 풀이합니다. '사고방식'이라고 해서 굉장히 넓은 의미로 새기고 있는데, 대체로 삶의 방식을 가리킵니다. 가령 의식주에 꼭 필요한 최소한의 물건만 가지고 단순하게 사는 삶이나, 자연과 벗 삼아 소박하게 사는 삶이 미니멀리즘입니다.

얼핏 들으면 가난하게 사는 삶 같습니다. 맞습니다. 미니멀리즘은 가난하게 사는 것입니다. 그러나 돈이 없어서 가난하게 사는 게 아니라 자발적으로 가난하게 산다는 점에서 특이합니다. 자동차나 전자 제품 등을 살 수 있지만 사지 않고, 넓고 비싼 저택에서 살 수 있지만 작은 집을 선호하는 삶입니다.

가난하게 산
성현들

성인(聖人)은 지혜와 덕이 매우 뛰어나 길이 우러러 본받을 만한 사람을 말합니다. 인류의 성인이라고 하는 분들은 하나같이 가진 것을 다 버리고 아무것도 소유하지 않고 (정확하게 말하면 입은 옷과 신은 신발만 소유하고) 스스로 가난하게 살았습니다. 석가모니는 인도의 한 나라의 왕자로 태어나 호화롭고 떵떵거리며 살 수 있었습니다. 그러나 강한 자가 약한 자를 잡아먹거나 늙고 병드는 세상을 보고, 모든 고통과 근심이 없는 해탈에 들어서기 위해 그 자리를 버리고 고행을 하였습니다. 그래서 내 것으로 생각한 것을 버리고 물질에 의미를 부여하지 않으면 고통과 근심에서 벗어난다고 가르쳤습니다.

예수는 부자로 태어나지는 않았지만, 역시 부자가 되는 것을 멀리하라고 가르쳤습니다. 예수는 산에서 제자들에게 가르침을 주는데, 이를 '산상 설교' 또는 '산상 수훈'이라고 합니다. 거기서 다음과 같이 가르칩니다.

너희는 자신을 위하여 보물을 땅에 쌓아 두지 마라. 땅에서는 좀과 녹이 망가뜨리고 도둑들이 뚫고 들어와 훔쳐 간다. 그러므로 하늘에 보물을 쌓아라. 거기에서는 좀도 녹도 망가뜨리지 못하고, 도둑들이 뚫고 들어오지도 못하며 훔쳐 가지도 못한다. 사실 너의 보물이 있는 곳에 너의 마음도 있다. – 마태오 6:19~21

그리고 "부자가 하느님 나라에 들어가는 것보다 낙타가 바늘귀로 들어가는 것이 더 쉽다."(루카 18:25)라는 말은 유명합니다.

어질고 총명하여 성인의 다음가는 사람을 현인(賢人)이라고 부릅니다. 현인 중에서도 자발적 가난의 삶을 산 훌륭한 분들이 많습니다. 헨리 데이비드 소로는 미니멀리즘 하면 가장 먼저 떠오르는 19세기 미국의 사상가입니다. 그는 인간은 본디 선한 존재지만 인간이 만든 사회와 제도는 인간을 타락시키므로 자연에서 독립하여 스스로를 믿고 고독하게 살아야 한다는 신념을 가졌습니다. 소로는 월든이라는 호숫가에 오두막을 짓고 필요한 물자를 스스로 충당하며 살면서 이 신념을 실천했습니다. 그 생각을 담아 쓴 책이 『월든』입니다.

우리나라의 법정 스님은 무소유 정신으로 유명합니다. 스님은 무소유란 아무것도 갖지 않는다는 것이 아니라 불필요한 것을 갖지 않는다는 뜻이라고 말합니다. 스님은 「무소유」라는 제목의 수필에서 선물받은 난 화분을 정성스레 길렀는데 어느 날 외출했다가 밖에 내놓고 온게 생각나서 허겁지겁 돌아온 일화를 꺼냅니다. 그 행동에서 자신이 난초에 집착했음을 깨닫고 화분을 다른 사람에게 줘 버립니다. "무엇인가를 갖는다는 것은 다른 한편 무엇인가에 얽매인다는 것이다."라고 말하고 이를 실천하며 살았습니다. 불교계 안팎으로 유명한 분이지만 산속의 조그마한 암자에서 수도하며 지냈습니다.

필요한 것 이상을 소유하지 않는다

성인과 현인, 곧 성현의 가르침과 삶을 본받아 미니멀

리즘을 실천하는 사람들이 있습니다. 불필요한 물건도 줄이고 일도 먹고살 만큼만 하는 '미니멀 라이프'가 그것입니다. 그런데 미니멀 라이프를 실천한다고 하면 오해할 수 있으니 주의할 필요가 있습니다. 불필요한 물건과 일을 줄이고 산다고 하면 어렵고 빈곤하게 산다고 생각하는 사람들이 있습니다.

　고대 그리스의 철학자 디오게네스는 쓸데없는 욕심을 버리고 자연스러운 욕구를 만족시키면 얼마든지 행복하게 살 수 있다고 생각하여, 구걸하면서 통 속에서 살았습니다. 현대에는 식품을 돈 주고 사지 않고 쓰레기통을 뒤져 버려진 음식만을 구해 먹는 사람들이 있습니다. 거지로 사는 것이 아니라 지나친 소비 지향 문화를 반대하고 환경을 보호하는 목적에서 그런 행동을 하는데, 이들을 '프리건(freegan)'이라고 부릅니다. 미니멀 라이프를 실천한다고 할 때는 디오게네스나 프리건 같은 극단을 말하는 것이 아닙니다.

　일상에서 미니멀리즘을 실천하는 사람들은 아무것도 소유하지 않는 것이 아니라, 필요한 것 이상을 소유하지 않습니다. 옷은 꼭 필요한 정도만 사고, 이왕이면 중고

디오게네스는 알렉산드로스 대왕이 찾아와 소원을 묻자 아무것도 필요 없으니 햇빛
을 가리지 말고 비켜 달라고 했다.

품을 삽니다. 음식은 건강을 해치지 않을 정도의 최소한의 재료로 직접 해 먹습니다. 차도 가지지 않고 자전거나 대중교통을 이용합니다. 결혼식 같은 잔치도 남에게 보여주기 위한 허례허식이라고 생각하기에 건너뛰거나 간소하게 합니다. 요즘 유행하는 명품 플렉스(과시), 오마카세(주방장이 주는 대로 먹는 음식), 호캉스(호텔에서 바캉스를 즐기는 것)와 같은 허세 소비도 당연히 하지 않습니다. 그러고서 남는 시간은 자기 계발을 하거나 자연을 즐기는 데 씁니다. 그러다 보면 작은 것에도 만족하는 삶이 됩니다. 한때 유행했던 '소확행', 곧 소소하지만 확실한 행복을 느끼는 것입니다.

미니멀 라이프에는 궁상, 인색, 구두쇠보다는 단순, 소박, 절제, 금욕, 이런 말들이 어울릴 것 같습니다. 단테의 『신곡』 지옥 편에서 네 번째 지옥은 탐욕의 지옥입니다. 사람들이 잘 모르는데, 여기는 낭비가 심했던 사람뿐만 아니라 인색했던 사람도 가는 곳입니다. 미니멀리스트가 지옥 갈 사람은 아니겠죠?

왜 미니멀 라이프를
사는가?

그런데 왜 미니멀 라이프를 살까요? 돈이 없어서가 아니라 자발적으로 단순한 삶을 산다는데 왜 그럴까요? 무슨 거창한 가치가 있어서 미니멀 라이프를 사는 것이 아니라 그냥 귀찮아서 그렇게 사는 사람도 있습니다. 큰 집에 살면 관리나 청소가 힘드니 작은 집에 살고, 정규직 으로 일하면 책임감도 크니 아르바이트를 하면서 최소한 의 수입으로 최소한도로 삽니다. 이런 사람들을 일본에서 나온 말로 '프리터'(프리와 아르바이터의 합성어)라고 합니다. 친구도 많이 만들지 않습니다. 그러나 미니멀리즘은 이런 삶을 지향하지 않습니다. 단순하게 사는 이유는 남은 시 간에 자연을 관조하거나 책을 읽거나 친구를 사귀는 데 씁니다. 게으른 게 아니라 오히려 부지런한 사람들입니다.

경제적인 절약을 하기 위해서 미니멀 라이프를 살까 요? 당연한 말이지만 덜 입고 덜 먹으면 돈을 아끼게 됩니 다. 이렇게 돈을 모아 해외여행 같은 취미 생활에 집중해 서 돈을 쓰려거나 나이가 들어 여유롭게 살려고 하는 사람도 있을 겁니다. 그러나 절약하는 사람들은 대체로 그 습관이 몸에 배어 막상 여유가 있어도 그렇게 심한 지출을 하지 않습니다. 그리고 여유가 있어도 부러 미니멀 라이프를 사는 이유는 앞서도 말했듯이 지나친 소비 지향 문화를 반대하고 환경을 보호하기 위해서입니다. 다시 말하지만 미니멀 라이프는 지지리 궁상떠는 사람도 구두쇠도 아닙니다.

그러면 미니멀 라이프를 실천하는 사람들은 무슨 이유로 그렇게 살까요? 단순하고 소박한 삶을 살아야 한다고 주장하는 철학자들이 있습니다. 그들은 왜 그렇게 주장할까요? 그 이유들을 살펴봅시다.

에피쿠로스처럼
살기

미니멀리즘을 대표하는 철학자는 에피쿠로스가 있습니다. 에피쿠로스는 철학자라고 하면 누구나 떠올리는 소크라테스보다 100년쯤 나중에 활동한 그리스의 철학자입니다. 에피쿠로스는 사람들에게 쾌락주의자로 알려져 있습니다. 영어 단어 에피큐리언(epicurean)이라고 하면 '고급 음식과 술에서 즐거움을 얻는'이라는 형용사나 '미식가'라는 명사가 됩니다. 세계적으로 유명한 요리 학교나 조리 도구에 '에피큐리언'이라는 이름이 많이 붙어 있습니다. 아니 쾌락주의자가 미니멀리스트라뇨?

그것은 에피쿠로스가 주장하는 쾌락과 우리가 생각하는 쾌락이 다르기 때문입니다. 우리가 쾌락이라고 할 때 보통 생각나는 것은 말초 신경을 자극하는 짜릿한 것이지만, 그가 말하는 쾌락은 거꾸로 신체에 고통이 없는 상태입니다. 이런 쾌락을 쉽게 얻는 방법이 있습니다. 그것은 욕망을 조금만 가지면 됩니다. 그러면 조금만 채워져도 쾌락이 생깁니다. 반면에 이루기 힘든 욕망을 가지면 조금 얻더라도 항상 괴롭습니다.

먹는 것으로 예를 들어 보면 애초에 푸성귀만 먹어도 즐겁다고 생각하면 어떤 것을 먹어도 쾌락을 얻습니다. 산해진미에 맛이 들면 계속 비슷한 쾌락을 찾게 되니 배불러도 배부른 게 아니게 됩니다. 언제나 산해진미만 먹을 수 없으니 항상 괴롭습니다. 한마디로 쾌락의 노예가 되는 것입니다. 에피쿠로스는 실제로 빵과 올리브 기름 정도만 먹었고 잔칫날에도 치즈만 조금 먹었다고 합니다. 쾌락주의자라고 쓰고 금욕주의자라고 읽어야 합니다.

에피쿠로스는 쾌락을 세 가지로 나눕니다. 첫째는 춥고 배고프고 졸리는 것을 해결했을 때 생기는 쾌락과 같은 필수적인 쾌락입니다. 둘째는 진수성찬인 음식이나 호사스러운 집이나 화려한 옷을 즐길 때 얻는 쾌락으로, 이것은 필수적이지 않은 쾌락입니다. 셋째는 인기나 명성을 얻을 때 생기는 공허한 쾌락입니다. 당연한 말이지만 둘째와 셋째 쾌락은 얻기 어렵습니다. 에피쿠로스가 보기에 사람들이 괴로운 것은 그런 쾌락을 좇기 때문입니다. 기본적인 욕구만 충족해도 얼마나 행복한데 사람들이 그것을 잘 모른다는 겁니다.

결국 에피쿠로스는 마음의 평화를 얻기 위해서 미니멀 라이프를 살아야 한다고 말했습니다. 그가 말한 쾌락은 동요되지 않고 평안한 상태를 말합니다. 앞서 석가모니가 추구한 고통과 근심이 없는 상태가 이것과 비슷합니다. 석가모니의 가르침을 실천한 법정 스님이 말했듯이 무엇인가를 많이 갖는다는 것은 집착한다고 생각할 수 있습니다. 그러므로 꼭 필요한 물건만 남겨 두고 나머지 물건을 버린다는 것은 집착하지 않는다는 뜻입니다. 집착하지 않으면 신경도 쓰지 않게 되고 애면글면하지 않게 되니 마음에 평화가 찾아옵니다.

물건뿐만 아니라 사람과의 관계도 마찬가지입니다. 누군가로부터 호의를 받으면 그만큼 베풀어야 한다는 의무감이 생깁니다. 이것은 구속이고 속박이니 진정한 자유가 아닙니다. 물론 에피쿠로스는 단순하고 소박하게 살고 남는 시간에 자연을 즐기고 친구들과 우정을 쌓으라고 말했습니다. 친구는 무엇인가를 받으면 주어야 한다는 의무감이 없는 상대를 말합니다.

오컴의 면도날로
자르기

에피쿠로스의 말대로 정말로 기본적 욕구만 충족해도 행복할까요? 단순하고 소박한 쾌락만 얻어도 즐거울까요? 에피쿠로스의 주장에는 몇 가지 문제가 있습니다. 가장 중요하게는 어디까지가 필수적 쾌락인지 딱 잘라 말하기 어렵다는 것입니다.

경제성을 주장하는 철학 이론이 있습니다. '오컴의 면도날'이 그것입니다. 더 복잡한 것을 끌어들이지 않고서도 무엇인가를 충분히 설명할 수 있다면 그 설명이 가장 좋은 설명이라는 원리입니다. 서양 중세의 철학자 오컴이 자주 사용하여 그의 이름을 땄고, '면도날'은 불필요한 것은 모두 잘라 낸다는 비유입니다.

예를 들어 밤하늘에서 반짝이는 불빛을 보았다고 합시다. 이것의 정체를 비행기나 인공위성이라고 설명할 수도 있고, UFO(미확인 비행 물체)라고 설명할 수도 있습니다. 그런데 두 설명의 설명력이 똑같다면 전자의 설명으로 충분합니다. 후자로 설명하자면, 비행기나 인공위성 외에 UFO를 별도로 가정해야 하고 그것을 설명할 수 있는 전제나 원리를 추가로 도입해야 하기 때문입니다. UFO처럼 불필요한 것들은 면도날로 싹둑 잘라 내는 원리가 오컴의 면도날입니다. 그러면 이 세상에는 꼭 필요한 것만 있게 됩니다.

오컴의 면도날은 '경제성의 원리', '단순성의 원리', '절

오컴은 잉글랜드 오컴에서 출생하여 오컴으로 불린다. 옥스퍼드 대학에서 공부한 후, 그곳에서 강의를 하였다. 교황 재판소에 의해 이단이라는 혐의를 받고 아비뇽에 유폐되었으나 뮌헨으로 도주하여 집필에 힘썼다.

사진 위키피디아 제공

약의 원리'라고도 하니, 지금까지 말한 미니멀리즘에 딱 맞습니다. 게다가 오컴의 면도날은 많은 철학자로부터 지지를 받습니다. 현재 확립된 과학 이론으로는 설명할 수도 없고, 검증 안 된 별도의 이론을 전제해야만 설명할 수 있는 것을 받아들이기는 어렵고 그럴 필요도 없기 때문입니다.

그러나 오컴의 면도날은 우리의 추상적인 사고방식 영역에 적용되는 원리입니다. 이 원리가 우리의 구체적인 삶에도 적용될까요? 오컴의 면도날을 설명할 때 "존재는 필요 이상으로 늘려서는 안 된다."라는 경구가 자주 쓰입니다. 우리의 삶에도 꼭 필요한 것만 남겨 놓고 필요 이상의 것은 면도날로 도려내면 될까요? 필수적인 욕망을 넘어선 욕망은 우리 삶에 꼭 필요한 것일까요, 아닐까요?

문제가 그리 쉽지 않습니다. 우리 주위에 있는 나무나 돌은 자연에서 만들어진 존재이고 더 복잡한 것을 끌어들이지 않고서도 설명이 되므로 꼭 필요한 존재입니다. UFO나 도깨비 같은 것은 관찰된 적도 없고 별도의 원리가 있어야만 설명이 되니 꼭 필요한 존재가 아닙니다. 하지만 인간이 만든 물건들은 어떤가요? 도끼는? 자동차는? 스마트폰은? 꼭 필요한 물건일까요? 스마트폰이 갖고 싶다는 아이에게 부모가 "네가 그게 왜 필요해?"라고 말합니다. 정말 필요 없을까요? 이미 스마트폰을 가지고 있는 아이가 친구들이 가지고 있는 최신 스마트폰을 갖고 싶다고 하자 부모가 또 "네 스마트폰으로도 충분한데 그게 왜 필요해?"라고 말합니다. 맞는 말일까요? 오컴의 면도날은 별로 도움이 안 되어 보입니다.

사람에게는
얼마만큼의 땅이 필요한가?

"존재는 필요 이상으로 늘려서는 안 된다."가 오컴의 면도날이 말하는 바라고 했습니다. 그러나 문제는 무엇이 필요한지, 얼마만큼이 필요한지 딱 잘라 말할 수 있느냐는 겁니다. 톨스토이의 단편 소설 중 「사람에게는 얼마만큼의 땅이 필요한가?」가 있습니다. 얼마만큼의 땅이 필요하다고 생각하나요? 이 소설은 이 질문에 답을 합니다. 소설을 읽지 않은 사람에게는 스포일러가 되니 말하지는

톨스토이는 1860년 고향 틀라에서 농민 학교를 운영하였다. 부모들은 처음에는 자녀들이 학교에 가는 것을 싫어했지만, 톨스토이가 진심으로 농민들을 사랑한다는 것을 알고는 아이들을 학교에 보냈다.
사진 위키피디아 제공

「사람은 무엇으로 사는가?」, 「사람에게는 얼마만큼의 땅이 필요한가?」 등 7편의 톨스토이 단편들이 수록되어 있다.
사진 써네스트 출판사 제공

않겠습니다. 단, 톨스토이 스스로가 말년에는 미니멀 라이프를 실천했다는 것을 알면 짐작할 수 있을 것입니다. 그는 귀족 출신이었지만 여든이 넘은 나이에 농민과 같은 삶을 살겠다고 집을 나갔다가 조그마한 역에서 폐렴으로 죽었습니다.

농경 사회에서는 땅이 가장 중요하므로 톨스토이는 사람에게 땅이 얼마만큼 필요한지 물었습니다. 현대에도 농사보다는 집값을 위해 땅이 중요하지만, 예전에 볼 수 없었던 갖가지 신문명이 생기니 질문이 바뀌어야 할 것 같습니다. 사람에게는 얼마만큼의 물건이 필요할까요? 유명한 소설가이면서 사상가이기도 한 톨스토이는 사람에게는 얼마만큼의 땅이 필요한가 묻고 명쾌하게 대답했지만, 평범한 사람들은 얼마만큼의 쾌락이 필수적이고 얼마만큼의 물건이 꼭 필요한지 딱 잘라 말할 수 없습니다.

에피쿠로스는 생존에 필요한 의식주면 필수적 쾌락을 얻을 수 있다고 생각했습니다. 그러나 에피쿠로스가 살던 2300여 년 전과 지금은 아주 다릅니다. 그때는 소수의 귀족을 제외하고는 살아가는 데 필요한 물자가 그리 많지 않았습니다. 배곯지 않을 정도의 음식과 찬 이슬 가리는 집과 추위를 막을 수 있는 옷만 있으면 감지덕지하는 사람이 많았습니다. 그러나 현대에는 그것만 가지고 살 수 있을까요?

예를 들어 자동차는 필수적인 쾌락일까요, 아닐까요? 평생 태어난 곳에서 농사짓고 살던 에피쿠로스 시대에는 말이나 마차가 필수품이 아니었겠지만 지금은 다릅니다. 자가용까지는 모르겠지만 대중교통은 꼭 타야 합니다. 휴대 전화는요? 현대에는 휴대 전화가 없으면 오히려 다른 사람들에게 민폐를 끼치게 됩니다. 연락할 방법이 없거나 너무 힘드니까요. 미니멀리스트는 물건을 살 때 "꼭 필요한가?" 그리고 "대안이 있는가?"를 묻습니다. 그러나 역시 문제는 어디까지 필요한지는 사람마다 다 다르고 또 시대마다 다르다는 점입니다.

에피쿠로스는 꼭 필요한 쾌락만 추구하고 남는 시간은 사색하고 자연을 즐기고 동무들과 우정을 쌓는 데 쓰라고 말했습니다. 필수적인 의식주 활동 외에는 여가를 즐기라는 것인데, 철학자니까 저런 고상한(?) 여가를 말했을 겁니다. 어쨌든 다른 취미 활동도 좋습니다. 에피쿠로스가 말한 것처럼 기본적인 욕구만 충족하면 어떤 여가

활동이든 가능할까요?

다시 말하지만 에피쿠로스 시대에는 살아가는 데 필요한 물자가 그리 많지 않았으므로 기본적인 욕구만 충족하면 시간이 많이 남았을지 모릅니다. 아마 그때도 에피쿠로스는 지식인이므로 기본 재산이 있었기에 그게 가능했을 수 있습니다. 그러나 노비나 농민은 온종일 일해야 먹고살 수 있었을 겁니다. 농업 기술이 발달하지 않았으므로 그래야 겨우 굶지 않을 정도의 식량이 나왔을 테고, 길쌈도 몇 달을 해야 옷 한 벌 만들 수 있었습니다.

현대에도 크게 다르지 않습니다. 아무리 기본적 욕구만 충족하려고 해도 자급자족한다면 그만한 시간을 쏟아야 하니 여가를 즐길 틈이 없습니다. 오히려 그 시간에 대중교통 타고 필요하면 자가용도 운전하고 바쁘면 음식을 사 먹고 옷을 사 입는 편이 에피쿠로스가 말한 여가를 즐길 시간이 남게 됩니다. 단순하게 산다고 하면 오히려 더 고된 삶이 되는 역설이 생깁니다.

딱 필요한 만큼만
벌기

미니멀리스트가 최소한도로 사는 것은 꼭 돈을 모으기 위한 것은 아니라고 말했습니다. 대체로는 자기에게 필요한 것보다 돈을 더 많이 벌어 절약을 통해 돈을 아끼기보다, 딱 필요한 만큼만 돈을 벌면 된다고 생각합니다.

국어사전에는 부자를 "재물이 많아 살림이 넉넉한 사람"이라고 풀이합니다. 그런데 재물이 얼마나 많아야 부자일까요? 똑같은 재물이 누구에게는 넉넉하지만 누구에게는 부족할 수 있습니다. 그래서 부자를 "돈 걱정하지 않는 사람"이라고 정의하기도 합니다. 수십억 원이 있어도 돈 걱정하면 부자가 아니고, 수중에 몇 푼 없지만 돈 걱정하지 않는다면 부자라고요. 그럴듯합니다. 스토아 철학자인 세네카가 "가난한 사람은 가진 게 적은 사람이 아니라 더 많은 것을 탐내는 사람이다."라고 말한 것도 같은 맥락입니다.

그러나 직장에 다녀 본 사람들은 알겠지만, 우리 사회에서 돈 걱정하지 않게 '딱 필요한 만큼만' 일하기는 쉽지 않습니다. 딱 필요하다고 생각되는 만큼만 일하고 나머지 시간은 쉬면 된다고 생각하면 게으른 사람으로 보입니다. 또 직장에서 좋은 평가를 받지 못하고 결국에는 낙오합니다. 대체로는 하고 싶은 만큼보다 훨씬 많이 일해야 합니다. 특히 우리나라 사람들이 경쟁적으로 사는 이유는 사교육비와 의료비의 부담이 크고, 노후를 보장할 연금 제도가 충분하지 않기 때문입니다.

미니멀리스트는 집착을 버린 사람이므로, 굳이 경쟁에 나서지 않으려고 하고 의무 교육만 받으면 된다고 하면 사교육비는 괘념치 않을 것입니다. 그러나 노후에 필요한 생활비나 아팠을 때 들어가는 의료비는 생각하지 않을 수 없습니다. 그러기 위해서는 딱 필요한 만큼만 벌면 안 됩니다. 슬프지만 그게 현실입니다.

자연과
벗 삼아 살기

자연이 좋아서 미니멀 라이프를 사는 사람도 많습니

다. 자연 속에서 자연인으로 자급자족하며 사는 것입니다. 시골에서도 호화롭게 살 수 있겠지만 그럴 마음이면 도시에 살겠죠. 아무래도 직접 농사를 지으며 살자면 다른 곳에 신경 쓸 여력이 없기에 최소한의 것만 갖추고 살게 됩니다. 외식이나 친교 모임도 하기 어렵습니다. 각박한 도시 생활에 지친 사람이 이런 삶을 많이 꿈꿉니다.

조선 시대의 선비들도 벼슬길에 오르지 못하거나 벼슬살이에서 물러난 후 시골에 살면서 강호(강과 호수를 아울러 이르는 말인데, 시골이나 자연을 뜻함)에 만족하며 지내는 문학 작품을 많이 남겼습니다. 조선 세종 때의 정승인 맹사성의 「강호사시가」 중 첫 수는 다음과 같습니다.

> 강호에 봄이 찾아오니 깊은 흥이 절로 일어난다.
> 막걸리를 마시며 노는 시냇가에 싱싱한 물고기가 안주로다.
> 이 몸이 이렇듯 한가하게 노니는 것도 역시 임금님의 은덕이시도다.

서양이라고 해서 다르지 않습니다. 18~19세기의 영

국은 산업 혁명이 일어나 도시화가 급격하게 진행되던 때입니다. 그때 거기에 반발해 자연과 하나가 되어 사는 삶을 찬양하는 낭만주의가 태동했습니다. 그 당시 낭만주의 계관 시인(왕실에서 임명한 시인)인 윌리엄 워즈워스의 유명한 시 「무지개」는 다음과 같이 노래합니다.

> 하늘의 무지개를 볼 때마다
> 내 가슴 설레느니,
> …
> 어린이는 어른의 아버지
> 바라노니 나의 하루하루가
> 자연의 믿음에 메어지고자.

소로는 『월든』에서 다음과 같이 말했습니다.

> 자연 한가운데 살면서 오감을 평온하게 유지하는 사람에게는 우울증이라는 아주 검은 체액이 생길 수 없다. 어떤 폭풍우가 불어온다고 해도 건강하고 정직한 사람 귀에는 바람의 신 아이올로스의 춘풍처럼 들

헨리 데이비드 소로는 하버드 대학을 졸업하고, 28세에 월든 호숫가에 집을 짓고 2년 2개월을 살았다.
사진 위키피디아커먼스 제공 ⓒRhythmicQuietude

린다. 그 어떤 것도 소박하고 용감한 사람 마음에 천박한 슬픔을 강요하지 못한다. 사계절의 우정을 반갑게 맞아들이는 한, 그 어떤 것도 내 인생을 부담스러운 것으로 만들지 못한다. −『월든·시민 불복종』(현대지성, 176쪽)

자연과 벗 삼아 살게 되면 에피쿠로스가 말한 마음의 평화를 가져온다고 보는 것입니다. 자연 속에서 최소한의 물건만 가지고 살면 마음이나 시간에서 여유가 생기게 되고, 그러면 마음의 평화와 진정한 자유를 얻게 된다고 보기 때문입니다. 시골에서 소박하게 사니 큰돈이 필요 없습니다. 그러니 조금만 일해도 되고, 에피쿠로스가 말했듯이 남은 시간에 자연을 음미하거나 여가 생활을 하며 살 수 있습니다. 단순하게 살면 행복하게 된다는 주장입니다.

자연을 가까이하기 위해 단순하고 소박한 삶을 사는 사람들은 단순히 자연을 좋아하는 것에 그치는 것이 아니라, 자연을 거스르지 않고 거기에 순응하며 살려고 합니다. 예를 들어 늙고 죽는 것도 자연의 섭리이므로 이를

스콧 니어링과 헬렌 니어링 부부는 자연 속의 삶을 선택했다. 채소, 과일 등 먹을거리는 직접 재배했고 단풍나무 시럽을 만들어 팔았다. 집필을 하고, 가끔 강연도 하면서 생태주의, 평화주의, 채식주의를 실천했다.
사진 : 위키미디어커먼스 제공

슬퍼하지 않고 담담하게 받아들입니다. 고대 그리스와 로마에서 유행했던 스토아학파가 그런 주장을 합니다. 가령 노예 출신의 스토아학파 철학자인 에픽테토스는 우리의 불행 중 상당 부분은 우리가 실제로 통제할 수 없는데 통제할 수 있다고 생각하는 데서 온다는 것을 깨달아야 한다고 주장합니다. 우리가 통제할 수 없는 것 중 대표적인 것이 늙고 죽는 것이니, 늙고 죽는 것에 대해 슬퍼하거나 화내서는 안 된다고 말입니다.

미니멀리스트가
살 수 있는 사회

단순한 삶과 풍요로운 삶 중 어느 쪽이 더 진짜 쾌락인가는 그야말로 '사바사(사람에 따라 다름)'입니다. 쾌락주의 철학으로는 앞에서 말한 에피쿠로스 말고 공리주의가 있습니다. 에피쿠로스가 추구한 쾌락은 우리가 생각하는 '쾌락'과 사뭇 다른 데 비해, 공리주의는 우리가 생각하는 바로 그 쾌락을 증대하는 행동이 옳다고 주장합니다.

공리주의의 창시자인 벤담은 어떤 쾌락이든 그 양을 계산해야 한다고 주장했습니다. 그러나 벤담의 뒤를 이은 밀은 양이 적더라도 질이 높은 쾌락을 낳는 행동이 옳다고 말합니다. 그래서 나온 유명한 말이 "만족스러운 돼지보다 불만족스러운 인간이 더 낫고, 만족스러운 바보보다 불만족스러운 소크라테스가 더 낫다."입니다. 밀은 자신이 인간이고 철학자이므로 소크라테스 편을 든 것이 아니라, 꽤 합리적인 이유를 제시했습니다. 그것은 돼지의 배부름과 철학하는 즐거움을 모두 경험해 본 소크라테스는 비록 배고프더라도 철학하는 즐거움을 선호할 터이므로, 철학하는 즐거움이 더 바람직한 쾌락이라는 결론이 나온다고 주장한 것입니다.

그러나 정말로 철학하는 쾌락과 배부른 쾌락을 모두 경험해 본 사람이 꼭 전자를 선택할까요? 더 나아가 소크라테스가 돼지의 배부름이 무엇인지 안다고 말할 수 있나요? 돼지가 돼 본 적이 없는데요. 단순하게 사는 쾌락과 풍요롭게 사는 쾌락도 마찬가지입니다. 이 두 가지를 모두 경험해 본 모든 사람이 "무슨 소리야? 당연히 풍요롭게 살아야지."라고 말하는 것은 아닙니다. 사람의 성격 또는 선호에 따라 다릅니다. 소박하게 사는 것을 선호하며 자신이 현재 가진 것에 만족하는 기질도 있고, 풍족하게 사는 것을 선호하며 자신이 가진 것보다 더 많은 것을 끝없이 좇는 기질도 있습니다. 어느 쪽이 옳다고 말할 수는 없습니다.

풍족한 삶을 사는 사람은 풍족하게 살 수 있는데 소박한 삶을 선택하는 사람을 보면 어리석다고 생각할 수 있습니다. 그러나 세상의 모든 사람의 기준이 같지 않습니다. 특히나 사는 방식은 내내 말한 것처럼 옳고 그름의 문제가 아니라 취향의 문제입니다. 자신과 다른 사람의 가치관을 존중해 주지 않으면, 자신의 가치관도 존중받지 못합니다. 누구나 다른 사람과 다른 가치관을 하나 이상은 가지고 있을 테니까요.

그런데 중요한 것은 자신의 취향대로 소박하게 살고 싶어도 현대 사회는 그렇게 살 수 없다는 점입니다. 현대 사회는, 특히 우리나라는 앞에서도 말했듯이 '적당히' 살겠다고 마음먹으면 그렇게 사는 것이 아니라 도태되기 십상이기 때문입니다. 그러나 내면의 가치관과 현실이 일치하지 못하면 갈등을 겪게 되고 삶이 괴롭게 됩니다. 소박하게 살고 싶은 사람도 살 수 있도록 도와주어야 합니다. 우리 사회의 경쟁을 줄여 주어야 한다는 말입니다. 이것은 당장 실현하기 어렵지만, 적어도 에피쿠로스가 말한 필수적인 욕망, 곧 춥고 배고프고 졸리지 않도록은 해 주어야 합니다.

그러기 위해서는 사회 보장 제도가 잘 갖추어져야 합니다. 임대 주택도 싸게 공급해야 하고, 식료품 값이 뛰지 않도록 관리해야 하며, 대중교통이나 병원을 싸게 이용할 수 있게 해야 합니다. 그리고 노후에도 걱정 없이 살 수 있도록 해야 합니다. 미니멀리즘을 실천하는 사람이 이상하다는 시선을 받지 않아야 하고, 또 그렇게 살기도 어렵지 않아야 합니다. 그래야 소박하게 살고 싶은 사람도 제 뜻을 실현할 수 있습니다.

에코 라이프 04

미니멀이 나를 행복하게 하는 이유

초판 1쇄 발행 2024년 6월 27일

지은이 김상규, 나승위, 이승환, 진민영, 최훈
표지 일러스트 조원희
펴낸이 이수미
편집 이해선
디자인 하늘·민
마케팅 임수진

종이 세종페이퍼 **인쇄** 두성피엔엘 **유통** 신영북스

펴낸곳 나무를 심는 사람들
출판신고 2013년 1월 7일 제2013-000004호
주소 서울시 용산구 서빙고로 35 103동 804호
전화 02-3141-2233 **팩스** 02-3141-2257
이메일 nasimsabooks@naver.com
블로그 blog.naver.com/nasimsabooks
인스타그램 @nasimsabook

ⓒ 김상규, 나승위, 이승환, 진민영, 최훈 2024
ISBN 979-11-93156-17-9 (44300)
      979-11-90275-72-9 (세트)